RITUAIS QUE FAZEM BEM

Dados Internacionais de Catalogação na Publicação (CIP)
(Câmara Brasileira do Livro, SP, Brasil)

Grün, Anselm
  Rituais que fazem bem : viver cada dia com mais plenitude / Anselm Grün ; tradução de Milton Camargo Mota. – Petrópolis, RJ : Vozes, 2024.

  Título original: Rituale, die gut tun.
  ISBN 978-85-326-6635-2

  1. Autoconhecimento 2. Confiança 3. Reflexão 4. Vida – Aspectos religiosos I. Título.

23-182376   CDD-242.2

Índices para catálogo sistemático:
1. Vida : Reflexões : Cristianismo 242.2
Tábata Alves da Silva – Bibliotecária – CRB-8/9253

Anselm Grün

RITUAIS QUE FAZEM BEM

VIVER CADA DIA COM MAIS PLENITUDE

Tradução de Milton Camargo Mota

EDITORA VOZES

Petrópolis

© 2022 Verlag Herder GmbH, Freiburg im Breisgau.

Tradução do original em alemão intitulado *Rituale, die gut tun. Jeden Tag erfüllter leben* editado por Rudolf Walter.

Direitos de publicação em língua portuguesa - Brasil:
2024, Editora Vozes Ltda.
Rua Frei Luís, 100
25689-900 Petrópolis, RJ
www.vozes.com.br
Brasil

Todos os direitos reservados. Nenhuma parte desta obra poderá ser reproduzida ou transmitida por qualquer forma e/ou quaisquer meios (eletrônico ou mecânico, incluindo fotocópia e gravação) ou arquivada em qualquer sistema ou banco de dados sem permissão escrita da editora.

CONSELHO EDITORIAL

Diretor
Volney J. Berkenbrock

Editores
Aline dos Santos Carneiro
Edrian Josué Pasini
Marilac Loraine Oleniki
Welder Lancieri Marchini

Conselheiros
Elói Dionísio Piva
Francisco Morás
Gilberto Gonçalves Garcia
Ludovico Garmus
Teobaldo Heidemann

Secretário executivo
Leonardo A.R.T. dos Santos

Revisão de originais: Luciana Moraes
Diagramação: Rafael Machado
Revisão gráfica: Alessandra Karl
Capa: Rafael Machado

ISBN 978-85-326-6635-2 (Brasil)
ISBN 978-3-451-39336-5 (Alemanha)

Este livro foi composto e impresso pela Editora Vozes Ltda.

Sumário

Como usar este livro, 7

Introdução, 11

1 Do amanhecer até a noite – Moldar meu dia, 19

2 Entra ano, sai ano – Viver no ritmo da natureza, 39

3 Em casa em mim mesmo – Ir ao meu próprio centro, 55

4 Conviver – Cultivar e moldar relações, 85

5 Encontrar o equilíbrio – Entre o trabalho e o momento de pausa, 113

6 Pausa em tempos difíceis – Acompanhamento e apoio no luto, 131

7 Abençoar minha vida – Sinais e símbolos sagrados, 149

8 Celebrar o mistério da vida – O poder de cura das festas, 161

Conclusão, 195

Como usar este livro

Cara leitora, caro leitor, reuni neste livro muitos rituais que descrevi em diversos livros e, ao longo dos anos, em minha carta mensal *einfach leben* (viver simplesmente). Em certas ocasiões, apresentei mais detalhes sobre os contextos e motivações; outras vezes descrevi apenas um ritual que recomendo para uma situação específica. A semelhança entre alguns rituais e até mesmo repetições se devem à própria natureza da coisa, pois existem pressupostos que são sempre necessários; por exemplo: devemos reservar conscientemente algum tempo para nós, ou procurar ou criar um espaço de silêncio ao praticar um ritual.

Não é possível nem esperado que você cumpra todos esses rituais aqui sugeridos. Quem pretendesse fazer isso se colocaria sob inútil pressão. Meu objetivo é, antes, oferecer uma escolha: sinta por si mesmo qual ritual você gostaria de experimentar e qual poderia lhe fazer bem. Confie em sua própria intuição, perceba qual é adequado para você. E desfrute da liberdade de modificar um ritual para que ele lhe seja adequado e se torne um ritual totalmente pessoal.

Descrevo aqui rituais para diferentes situações. Eles incluem rituais cotidianos, rituais no trabalho, rituais que focam no relacionamento e na parceria, bem como rituais de luto e rituais praticados ao longo do Ano Litúrgico na Igreja ou no âmbito pessoal.

Quando ler os textos, preste atenção e procure perceber se eles geram ressonância em você, se você sente o desejo de experimentar esse ritual por si mesmo. Rituais não são uma solução mágica para todos os problemas; portanto eles não devem ser mal-interpretados como algo místico. No entanto, são uma ajuda para ativamente moldarmos nossa vida, dando-lhe uma forma em que nos sintamos à vontade. E os rituais também nos dão coragem para reagir ativamente às situações difíceis na vida. Hoje em dia, muitas pessoas se sentem vítimas quando estão passando por dificuldades em sua profissão ou no local de trabalho, quando seu relacionamento entra em crise, quando são afetadas por sentimentos depressivos ou quando perdem alguém querido. Os rituais podem nos mostrar que não somos indefesos diante das circunstâncias externas, mas que podemos fazer algo para transformar nossa atitude em relação ao que nos acontece externamente. Ao celebrarmos um ritual, entramos em contato conosco e com as forças curativas de nossa alma. Assim, podemos reagir de maneira diferente ao que o destino nos proporciona. Os rituais nos tiram da passividade. Mas eles também nos libertam da pressão de ter tudo sob controle e de precisarmos estar sempre felizes. Não precisamos nos sentir bem o tempo todo. Mas é útil saber que podemos reagir quando não estamos nos sentindo bem.

Os rituais não se restringem apenas a situações difíceis. Eles podem moldar e configurar nosso cotidiano e nossa vida ao longo do ano; podem nos levar a uma vida mais consciente e atenta; e podem nos revelar o mistério de cada momento e o segredo do tempo, conforme estes se revelam para nós sempre de maneiras diferentes nas horas do dia e nas estações do ano. Os rituais nos permitem viver com mais intensidade; dão estrutura, variedade, significado e sentido à nossa vida e podem curar. Eles podem ter um efeito de cura quando não estamos nos sentindo bem.

Portanto, desejo-lhe que encontre neste livro um ou outro ritual que queira experimentar para você mesmo. E desejo que esses rituais tragam uma nova qualidade à sua vida: qualidade de confiança e esperança, de significado e importância, de mistério e beleza, de amor e ternura. E desejo que sinta em cada ritual a presença curativa e libertadora de Deus, e se aproxime de você mesmo, encontre o seu próprio centro a partir do qual você pode moldar e configurar sua própria vida. E lhe desejo a experiência que os filósofos gregos tiveram com os rituais. Eles dizem: nossa vida é uma festa, por isso a celebramos com rituais. Os rituais não têm nada a ver com desempenho nem com cumprimento de deveres. Eles podem nos proporcionar a experiência de que nossa vida é uma festa e de que, por isso, temos o desejo de usar nossos rituais para embelezar essa festa que é a nossa vida.

Introdução

Os últimos anos viram surgir uma nova necessidade de rituais. Isso não se limita apenas aos rituais religiosos celebrados em cultos e que hoje são, com frequência, mais conscientemente organizados. Também se trata cada vez mais de rituais pessoais e individuais que marcam o cotidiano, e de rituais que determinam a vida na família, numa empresa e na sociedade. Isso se torna visível em grandes eventos como uma Copa do Mundo de futebol ou nos Jogos Olímpicos, em que rituais coletivos são praticados. Assistir a uma competição esportiva adquire uma qualidade própria, que vai além de ser uma mera presença passiva. Rituais em grandes eventos no mundo da música, na cultura *pop* e no cenário esportivo expressam o desejo das pessoas de transpor esse mundo e abri-lo para uma transcendência que é amiúde objeto de vaga intuição e crença. São formas de uma religiosidade moderna velada.

Nos últimos anos, a ciência também tem se dedicado mais intensamente ao tema "rituais", abordando novos aspectos. A psicologia, a sociologia, a teologia e a ciência das religiões têm se ocupado dos rituais. O sociólogo Karl Gabriel descreve-os numa definição que abrange todas essas abordagens científicas como "ações estilizadas e repetíveis nas ocasiões típicas de transição e ruptura do cotidiano moderno".

Existem os rituais pessoais e totalmente individuais: nas transições entre o dia e a noite, de um dia para o outro e de um ano para o outro. E existem os rituais de transição típicos, abordados pela ciência das religiões e que são conhecidos em todas as culturas: no nascimento e na morte de uma pessoa, no processo de se tornar adulto, na meia-idade e na transição para a velhice.

Não pretendo aqui entrar na discussão científica sobre os rituais. Algumas imagens que descrevem a essência dos rituais são suficientes para mim. A palavra rito ou ritual vem de *arithmos*, que em grego significa número. Portanto, ritual é o que é enumerado, o que dá estrutura. A raiz indiana *rtáh* significa: adequado, correto. Os rituais realizam algo que é adequado ao ritmo de vida do ser humano, algo que é correto e justo para ele. Mas de maneira melhor do que uma definição, as imagens ou acessos descritivos da experiência nos mostram a essência do ritual:

Os rituais abrem o céu sobre nossa vida.

Essa imagem mostra que os rituais são mais do que hábitos do cotidiano e mais do que um mero comportamento rotineiro. Eles têm, desde sua origem, uma raiz religiosa. Eles pretendem abrir o céu sobre nossa vida, mostrando que toda nossa vida se desenrola diante da face de Deus e que nosso anseio mais profundo é o de transcender este mundo em direção ao mistério de Deus. Os rituais trazem o céu para a terra em meio ao cotidiano. Eles nos propiciam a presença curadora e amorosa de Deus, que para nós significa o céu.

Os rituais fecham uma porta e abrem uma porta.

O que está implícito nesta segunda imagem se aplica aos típicos rituais de transição: no nascimento e na morte, no dia e na noite, no trabalho e no lazer. Se a porta do dia não for fechada à noite, não conseguiremos ter uma relação adequada com a noite. Se não encerrarmos o dia conscientemente, ele continuará influenciando a noite e muitas vezes não nos permitirá dormir direito. Precisamos fechar a porta do passado para que possamos estar por inteiro onde estamos agora. Somente quando a porta para o passado é fechada, um acesso para o novo se abre: uma porta para o momento presente. Portanto, os rituais nos possibilitam estar plenamente no momento. Quem nunca fecha portas está sempre de passagem. Mas isso não faz bem para a alma nem para o corpo. Nossa vida precisa de espaços fechados para se desdobrar, para que encontros sejam possíveis e possamos nos entregar ao momento presente.

Rituais expressam sentimentos que de outra forma nunca seriam expressos.

Rituais nos convidam a fazer e dizer a uma outra pessoa algo que normalmente não faríamos, nem diríamos. Eles nos levam além do limiar em direção ao outro. Superam a barreira de inibição que muitas vezes sentimos ao compartilhar algo muito pessoal com alguém. Porém, ao parabenizar alguém por seu aniversário, nós ousamos dizer mais; essa forma fixa "permite" e facilita que sejamos pessoais. Rituais possibilitam e criam proximidade, mas também nos dão a segurança de que não temos necessidade de dizer mais do que podemos. Eles nos convidam a expressar o que estamos sentindo no momento e o que sentimos pelo outro.

Rituais aprofundam relacionamentos.

Os rituais pessoais – como na comemoração de aniversários, do dia do santo patrono ou do jubileu – tratam da relação com o outro. A pessoa que está celebrando é vista, reconhecida. O que a define é expresso em palavras. Isso aprofunda o relacionamento com o outro. Quando um ritual é bem-sucedido – uma festa de aniversário, por exemplo –, os relacionamentos existentes se aprofundam, e novos relacionamentos surgem entre os participantes da celebração. Atualmente, as empresas também descobriram que a ausência de rituais, muitas vezes por motivos de racionalização, afeta o desempenho dos funcionários. Fica evidente que, quando as relações humanas são negligenciadas numa empresa, o desempenho também sofre.

Rituais fomentam identidade.

Eu começo o dia com meu ritual pessoal. Celebro, por assim dizer, meu dia e minha vida. Sinto que eu próprio é que estou vivendo, em vez de ser vivido. Tenho o desejo de dar uma forma específica, uma marca clara à minha vida. Eu sinto e experimento a mim mesmo nos rituais. No entanto, os rituais não apenas fomentam a identidade pessoal de um indivíduo. Quando ocorrem num ambiente social, eles também fundam ou aprofundam a identidade familiar ou a identidade corporativa. Eles nos dão a sensação de que a forma como vivemos juntos é algo importante e não apenas exterior. A experiência aqui é a seguinte: levamos a sério nosso convívio; nós o valorizamos. Por isso, nós o expressamos por meio de rituais. Se for verdade o que os filósofos antigos dizem, que nossa vida é uma festa constante, então os rituais têm um significado profundo. Celebramos neles a própria vida, e isso nos põe em contato com as raízes de nossa vida e de nossa identidade pessoal e coletiva.

Rituais criam um lugar sagrado e um tempo sagrado.

Sagrado é o que escapou ao cotidiano profano do mundo. É algo sobre o qual esse mundo do cotidiano, com todas as suas exigências, não tem poder. Segundo a compreensão dos gregos, apenas o sagrado é capaz de curar. O tempo sagrado é um tempo que me pertence, ao qual o mundo não tem acesso, um tempo do qual outras pessoas não podem dispor. O tempo sagrado que reservo quando realizo um ritual me permite respirar livremente. Ninguém me pedirá nada agora. As preocupações com outras pessoas não são importantes. Pratico esse ritual no meio do tempo e experimento um tempo sagrado, que escapa ao domínio do tempo habitualmente mensurável e avaliado sob o aspecto da utilidade. O psicólogo Heiko Ernst disse certa vez: "No ritual, 'o mundo repousa por um tempo e nós também repousamos nele'". O tempo sagrado também é sempre um tempo de tranquilidade, um tempo em que participamos do descanso sabático de Deus. O tempo sagrado que o ritual nos concede nos liberta de qualquer pressão imposta por prazos. Não é o *chronos*, o tempo medido, compassado, que se orienta pelo cronômetro e que, segundo o mito antigo, quer me devorar, mas sim *kairos*: tempo agradável, tempo presenteado, tempo da graça, tempo sagrado que posso desfrutar. No tempo sagrado, eu entro em contato com o núcleo saudável dentro de mim. Ali eu percebo que há um espaço sagrado em mim, que está além do alcance do mundo.

Rituais são sinais de lembrança

Os rituais trazem para o meu coração e para o meu interior o que eu sei na cabeça. Eles me lembram que Deus está comigo e em mim. Precisamos desses sinais de lembrança para que não nos esqueçamos quem realmente somos: filhos e filhas de Deus. Eles nos trazem à consciência o fato de que Deus caminha conosco, protege-nos e nos abençoa em nossos caminhos. Quando criança, sempre me enternecia o gesto de meu pai tirar o chapéu ao passar por uma igreja durante nossos passeios. Com essa atitude de meu pai, eu sentia que algo mais também era importante para ele. A igreja lhe lembrava que na vida se trata, em última instância, de Deus. Assim, as muitas igrejas pelas quais passamos podem ser sinais de lembrança para nós, sinais que nos dizem: "Abra seus olhos. Deus está ao seu redor. O céu se abre sobre você". Mesmo nas cidades, o som dos sinos nos lembra de que devemos parar. Os sinos não apenas nos convidam para o culto ou para uma oração, mas também nos lembram de perguntar que som desejamos dar à nossa vida. Em muitas vilas e cidades, ainda há o toque dos sinos de manhã, ao meio-dia e à noite. Isso faz lembrar a antiga oração, o "Anjo do Senhor", na qual meditamos nas palavras do anjo para Maria, oração na qual, tal como Maria, nos abrimos para o que Deus quer de nós neste momento.

Rituais criam um senso de lar.

Rituais também proporcionam o sentimento de estarmos em casa. Eu pratico os mesmos rituais que meus pais e avós praticavam. Isso me dá uma sensação de lar. Encontro com frequência antigos irmãos que seguem fielmente os rituais do cotidiano monástico. Isso suscita o sentimento de estarem integrados à totalidade da comunidade e de sua tradição. Para idosos que vivem sozinhos, os rituais são uma forma de lidar bem consigo mesmos e com sua vida, e lhes dão um sentimento de lar. Aqui, "lar" [*Heimat*] não é usado no sentido de uma nostalgia sentimental, mas sim como a língua alemã o entende segundo a raiz da palavra. A língua alemã estabelece uma inter-relação entre *Heimat* (lar), *Heim* (casa) e *Geheimnis* (mistério). Só podemos estar em casa onde reside o mistério. O verdadeiro lar existe onde o mistério de Deus me envolve. Nos rituais, sinto que não estou sozinho. Pratico os rituais para me assegurar de que Deus está comigo, de que seu terno amor me circunda.

Rituais me conectam às minhas raízes.

Quando celebramos os mesmos rituais praticados por nossos antepassados, então participamos de sua vitalidade e da força de sua fé. Em tempos de guerra, doença, pobreza e dificuldades, nossos antepassados se apegavam aos rituais como um caminho para lidar com a vida em meio às aflições externas e viver a partir da força que haviam recebido de seus antepassados. Dessa forma, nos rituais compartilhamos a fé de nossos antepassados, suas raízes. Uma das razões para a crescente prevalência de depressão hoje em dia é a falta de raízes. Quando entramos em contato com nossas raízes nos rituais, isso tem um efeito de cura. Esse contato fortalece nossa árvore da vida, que não secará quando confrontada com calor ou tempestades externas.

Os rituais são a confirmação de que minha vida é bem-sucedida.

Sabemos que o sucesso da vida não depende de acendermos uma vela ou fazermos uma meditação matinal. No entanto, ao acendermos uma vela, expressamos que a luz de Deus brilha em nossa escuridão, que sua luz é mais forte do que toda a escuridão, que seu amor supera o frio deste mundo. Com o ritual, eu exprimo que estou sob a promessa de Deus. E sua promessa é que minha vida será bem-sucedida. Assim como Deus prometeu a Jacó na escada celestial: "Realizarei em ti tudo o que te prometi", Deus também cumprirá em nós o que nos prometeu. Ele nos prometeu salvação e redenção em seu filho Jesus Cristo. Isso nos é concedido. Nossa vida será talvez bem-sucedida de maneira diferente do que imaginamos; mas será exitosa. Ao realizar o ritual, expresso minha fé na promessa de Deus de que minha vida será sã e plena.

Os rituais são o lugar de encontro comigo mesmo e com Deus.

Ao fazer algo que não pode ser usado pelo mundo, algo que não possui utilidade externa, eu entro em contato comigo mesmo, com o meu verdadeiro núcleo interno. Chego ao meu centro. Ao realizar o ritual, sinto que estou presente em mim mesmo e descansando em meu interior. E os rituais são o lugar onde encontro Deus. Realizo o ritual porque acredito que Deus está comigo. O ritual me abre para a presença de Deus. Permite-me um encontro com Ele. No ritual, eu paro de fugir de mim mesmo e de Deus. Faço uma pausa e encontro apoio interior. Volto meu ouvido para dentro, confiando que Deus está em mim e ao meu redor, que Ele me envolve e deseja falar comigo.

1

Do amanhecer até a noite

Moldar meu dia

Os dias, com frequência, escorrem entre nossos dedos. Eles passam por nós, sucessivamente. Às vezes, simplesmente tropeçamos para dentro do dia, e quando chega a noite caímos na cama cansados. Os rituais podem nos conscientizar de que cada dia é único, que estamos sob a bênção de Deus a cada dia e que vivemos esse dia perante Deus e com sua bênção. Rituais estruturam o dia. Eles estão sempre nos lembrando de que nós mesmos vivemos nossa vida em vez de sermos apenas vividos. Eles nos põem em contato conosco mesmos. Então vivemos o dia a partir do nosso próprio centro e não somos determinados pelo exterior que aflui para cima de nós. Muitos têm a sensação de que só precisam cumprir expectativas. No entanto, quem só precisa cumprir expectativas logo se sente usado e esgotado. Rituais criam um contrapeso. Nós mesmos moldamos nosso dia. Temos prazer em imprimir nossa própria marca pessoal no dia. E com os rituais, experimentamos o ritmo do dia. Aqueles que vivem conscientemente o ritmo do dia e da noite descobrem isto: o tempo da manhã tem uma qualidade diferente do tempo da tarde. Aqueles que vivem no ritmo do dia por meio dos rituais experimentam o tempo como um tempo presenteado. E essa pessoa não se esgota tão facilmente. O tempo não a consome, mas a renova. Os rituais dão ritmo à alma. Isso faz bem à alma e ao corpo. Desde o seu começo no útero materno, o ser humano é moldado pelo ritmo. Aqueles que retomam esse ritmo interno por meio dos rituais vivem de acordo com sua essência, vivem de forma saudável.

Explorar os sonhos

Um bom ritual matinal é averiguar, imediatamente após acordar, se consigo me lembrar de sonhos. Talvez me venham à memória apenas fragmentos de sonhos ou imagens isoladas. Os sonhos me dizem com mais precisão como realmente estou. Eles mostram o que me preocupa no fundo do meu coração. Em imagens, eles revelam minha própria verdade e, ao mesmo tempo, me indicam os passos que eu precisaria dar. Muitas vezes, os sonhos também são uma mensagem agradável me mostrando que dentro de mim já há mais vida e maturidade do que eu conscientemente costumo perceber. Talvez minha vida cotidiana seja cinzenta. Então, os sonhos me mostram como parece colorido dentro de mim, quanta imaginação há em mim. Alguns sonhos deixam uma sensação de opressão e medo. Isso é sempre um sinal de que devo examinar mais atentamente, um sinal de que há algo em mim que reprimi. Outros sonhos trazem uma sensação de amplitude e liberdade, de alegria e segurança interior. Explorar esses sonhos pode ser útil para viver o dia de maneira mais livre e feliz. Quando essas imagens de sonhos que trazem alegria ecoam em mim, eu viverei o dia de dentro para fora e não me deixarei ser definido por condições externas. E verei tudo pela lente dessas imagens internas e não pela lente do meu medo ou da minha resignação.

Como lhe parece a manhã?

Reserve um momento para conscientemente vivenciar pelo menos *um* nascer do sol neste mês. Observe como o sol se levanta pela manhã, qual é a atmosfera matinal. E perceba o que você está sentindo por dentro: como isso me afeta quando percebo o sol surgindo lentamente e dissipando gradualmente a escuridão? Como a manhã me parece então?

Sinta a frescura da manhã, respire o aroma matinal. Esteja consciente do início do dia. Aprecie a luz do dia, abra a janela e desfrute a frescura do ar que vai ao seu encontro. E imagine que Deus, por meio desse novo dia, também o renova e o refresca com um espírito puro e imaculado. A hora da manhã respira algo da novidade de Deus. Agradeça a Deus pela noite passada, por seus seus sonhos, pelo descanso. E peça a Ele que o refresque com seu Espírito Santo e com seu amor divino. Pense sobre o que o dia de hoje pode trazer para você. Quais compromissos você tem? Peça a bênção de Deus para que tudo o que você planejar fazer hoje seja abençoado. E questione-se qual é o dia da semana hoje, e qual santo é celebrado neste dia. Em seguida, olhe para Deus à luz desse santo. Peça a Deus que o encha com o espírito que possibilitou a esse santo enfrentar a vida e transformar suas feridas em pérolas; e, em face desse santo, pergunte a você mesmo que marca desejaria deixar no mundo hoje.

Abençoar o dia

Um belo ritual matinal é quando, com as mãos elevadas em bênção, deixamos a bênção fluir: para nossa família, os filhos, o cônjuge, os amigos e conhecidos. Ao abençoar todas essas pessoas pela manhã, podemos entregá-las ao dia com plena confiança. Não precisamos mais nos preocupar com elas. A mão de Deus as abençoa e assim as protege e as acompanha. Então, podemos liberá-las e podemos nos livrar da pressão de sempre verificar ou controlar se os filhos estão passando bem e se estão protegidos em seus caminhos para a escola e o trabalho. Podemos imaginar que, por meio de nossas mãos abençoadas, deixamos fluir a bênção e o amor divinos para os filhos e amigos, de modo que a proximidade curadora e amorosa de Deus os envolva e os circunde.

Podemos deixar essa bênção fluir também nos cômodos de nossa casa. Com frequência, alguns espaços ainda estão cheios de sentimentos negativos, das discussões do dia anterior, da decepção com nossos filhos, das conversas malsucedidas e das feridas que vivenciamos. Quando enviamos conscientemente a bênção de Deus para esses espaços, nós vamos adentrá-los de maneira diferente. Então, não somos mais assaltados pela mágoa nesses lugares. Em vez disso, encontramos um espaço abençoado onde podemos respirar aliviados.

Autoaceitação total

Tome o seu banho matinal como um ritual de limpeza. Imagine que você não está apenas lavando a sujeira e o cansaço, mas também purificando sua alma. Tudo o que suja o seu verdadeiro eu – as imagens que os outros lhe impõem, as expectativas que os outros têm de você, as palavras amargas e tóxicas que você ouve, a insatisfação de algumas pessoas ao seu redor: tudo isso flui lentamente para longe de você quando a água do chuveiro limpa o seu corpo. Ponha na água as palavras sujas e contaminantes e imagine que elas se dissolvem, que você ouve na água as palavras que Jesus ouviu ao mergulhar nas águas do Jordão: "Você é o meu amado filho, você é a minha amada filha. Você me dá grande alegria". Abrace-se a si mesmo sob o jato de água do chuveiro. Quando você se aceita completamente, você se sente purificado, purificada.

Abrir o céu

Comece o dia com a postura da mulher orante. Fique em pé no seu quarto com as mãos estendidas para cima perante Deus e imagine: Deus abre o céu sobre o dia de hoje. O dia de hoje está sob sua bênção. Pense nas pessoas que começam este dia sem muita esperança, que estão aflitas com preocupações e dificuldades. Imagine que o céu também se abre sobre elas, que o horizonte delas se ilumina. E sinta a leveza e a expansão nesse gesto. Leve essa expansão para o seu dia de hoje. Tenha confiança de que Deus o guia para a liberdade e a expansão hoje. Confiança de que o céu se abre sobre uma conversa, uma reunião difícil, um conflito, uma situação complicada. Quando o céu se abre, a estreiteza do cotidiano e a escuridão de uma situação se transformam em amplitude e esperança. Portanto, tente permitir que a esperança entre em você com esse gesto e imagine que o amor e o poder de Deus o preenchem por completo, podendo começar este dia na força do Espírito Divino e também levar amplitude e liberdade para a vida das pessoas que você encontrará hoje.

Fazer e moldar pausas

Muitas pessoas já não fazem pausas adequadas. Elas comem seu pão enquanto trabalham e até entulham suas pausas com todas as tarefas possíveis. Existem as grandes pausas que posso reconfigurar: o tempo do lanche da tarde, a pausa para o almoço. Uma pessoa desfruta a comida. Come conscientemente devagar e saboreia as refeições. Outra pessoa deita-se silenciosamente no chão por alguns minutos, ou senta-se confortavelmente na poltrona para descansar e conscientemente expelir com sua respiração tudo o que passou.

Olhe para o seu dia de trabalho e reflita se está satisfeito com a forma que está dando às suas pausas. Se não estiver, pense sobre o que pode fazer de diferente. Defina um tempo específico para a pausa. E então sinta os itens de que você precisa. O encontro com outras pessoas é importante ou você quer estar sozinho?

Para mim, o intervalo do almoço na abadia é de grande auxílio. Nós monges acordamos às 4h40, e assim o dia se estende até a hora da oração do meio-dia. Esse intervalo já é uma pausa que me convida a deixar de lado os pensamentos sobre o trabalho e me envolver no canto coletivo dos salmos. Depois da hora do meio-dia, comemos juntos, mas em silêncio. Nesse momento, alguns conflitos ou emoções intensas podem se acalmar. Após a refeição, considero um ritual importante para mim deitar-me na cama e dormir por meia hora. Mesmo que nem sempre durma profundamente, eu cochilo um pouco. E assim posso deixar para trás e esquecer tudo o que não correu tão bem pela manhã. Começo o sono da tarde com a oração a Jesus. Nesse momento, cruzo os braços sobre o peito. Eu me abraço como se fosse uma criança, por assim dizer. E nessa postura de proteção, recito a oração a Jesus: "Senhor Jesus Cristo, Filho de Deus, tem piedade de mim". Nesse ritual, os sentimentos que foram feridos pela manhã se transformam. Encontro distância em relação ao trabalho. Isso me faz bem.

Deixar de lado todo o estresse

Muitas pessoas se sentem estressadas à noite após um longo dia de trabalho. Elas gostariam de se reconectar com sua fonte interna. Desejam sentir que a fonte dentro delas não secou, mas continua jorrando.

Para alguns, a meditação é o caminho para entrar em contato com sua fonte. Ao expirar, eu libero a poeira do dia passado, as preocupações e problemas, tudo o que se acumulou em minha alma. E, ao expirar, chego ao fundamento da minha alma e imagino que a fonte está brotando ali. Ao inspirar, deixo a água fresca da fonte fluir pelo meu corpo.

Para outros, é revigorante caminhar pela natureza. Eles tomam parte em sua força vital, que parece ser infinita. Eles sentem o ar fresco da noite e se renovam ao permitir que o espírito sempre fresco de Deus, que permeia a criação, flua dentro de si. Eles percebem que a natureza não julga. Eles podem simplesmente *ser*. A natureza os convida a deixar para trás todas as reflexões sobre o trabalho e suas consequências e simplesmente se entregar à vida que os envolve por toda parte.

Outros, por meio da corrida moderada, aguardam ansiosamente a oportunidade de liberar todas as emoções que surgiram durante o trabalho, suas preocupações e medos, libertando-se do que os está sobrecarregando.

Caminhar, fazer trilhas e correr são boas maneiras de nos libertar de tudo o que nos oprime. Søren Kierkegaard dizia que não conhecia desgosto do qual não pudesse se libertar caminhando.

A corrida moderada também tem outra função. Ao correr, entro em contato com minha própria força novamente. Mesmo que eu fique cansado depois de correr, sinto-me internamente revitalizado e renascido depois de uma ducha. A tensão causada pelo estresse desaparece.

Cada pessoa tem seus próprios rituais para lidar com o estresse. É importante olhar para dentro de si e se perguntar o que poderia ajudar a aliviar o estresse à noite. Posso me perguntar: O que eu gostaria de fazer? O que seria bom para mim? Essas perguntas nos guiam pelo melhor caminho para não pensarmos em trabalho durante a noite.

Reserve um tempo para você à noite

Ao voltar para casa cansado do trabalho, não procure imediatamente por novas tarefas a serem feitas. Deite-se na cama por quinze minutos. Ajuste o despertador para que você possa relaxar completamente. Feche os olhos e desfrute da sensação de peso que surge. Você não precisa necessariamente dormir ou relaxar. Não se coloque sob pressão com qualquer método que seja.

Apenas permita-se ficar deitado ali, ser carregado, sem precisar realizar nada. Sinta sua respiração, como ela entra e sai. Se seus pensamentos começarem a vagar, deixe-os ir. Se você cair no sono, também está tudo bem. Permita tudo o que acontecer naturalmente para você. Ao se deitar, repita para si mesmo: "Agora eu não preciso fazer nada. Eu simplesmente me deixo cair nas mãos de Deus. Tenho confiança de que este tempo me fará bem e que, nas mãos de Deus, algo se anunciará em minha alma, algo que deverei fazer após levantar-me, algo para o qual terei novo desejo e nova energia".

Moldar meu tempo após o trabalho

Configure seu tempo de descanso de uma maneira que você possa aguardá-lo com prazer. A palavra alemã *Feierabend* [noite festiva, tempo após expediente] tem origem no fato de que a noite antes de um feriado [*Feiertag*] já faz parte da celebração. Nessa noite, já nos preparamos para a festa. Hoje, usamos essa palavra para cada noite de folga. Com essa palavra, expressamos o desejo de celebrar a noite. A nossa palavra alemã *Feiertag* deriva do latim *feriae* = dias de folga, dias destinados a ações religiosas. Quando falamos em *Feierabend*, ainda ressoa em tal palavra a ideia de que este deveria ser um tempo livre, um tempo que não voltamos a preencher com atividades. Mais do que isso, os feriados e os períodos após o trabalho estão sempre relacionados com Deus. No momento de descanso, devo sentir que a minha vida está nas mãos de Deus e não é determinada por outras pessoas, nem pelas exigências da economia.

O período após o trabalho deve elevar-nos acima do cotidiano e colocar-nos em contato com o essencial, com o fundamento da nossa vida, com Deus. Por isso, precisamos de rituais que expressem essa celebração. Os rituais trazem liberdade e amplitude para um tempo que é utilitarista, determinado pelo lucro. Mas o tempo em que realizamos um ritual nos pertence. Dedicamos esse tempo a Deus e desfrutamos do tempo que nos foi dado. Os rituais expressam que a nossa vida tem valor. Vale a pena celebrá-la.

Um gerente me contou que, após o trabalho, ele imediatamente toma um banho e depois veste roupas confortáveis. Ele tem, por assim dizer, "roupas de feriado" com as quais pode aproveitar a noite, desfrutar da descontração e da leveza desse momento em família.

Como ritual de fim de expediente, também podemos fazer uma breve oração antes do jantar, agradecendo a Deus pelo que foi bem-sucedido no trabalho durante o dia de hoje e pelas coisas boas que aconteceram na família. Agradecemos também pelo tempo livre que temos agora. Cada membro da família é livre. Cada um pode configurar o seu tempo como quiser. Desfrutar desse tempo livre é benéfico para a alma e o corpo.

Mas também a família sente necessidade de se reunir para celebrar o tempo da noite, reservando tempo para a refeição em comum. Durante a refeição, podemos contar uns para os outros o que o dia nos trouxe. Também faz parte do período após o trabalho compartilhar brincadeiras ou experiências: uma caminhada em família durante o verão ou fazer música juntos durante o inverno. Famílias que gostam de se reunir para fazer música realmente vivenciam a noite como um momento de celebração. A música traz uma atmosfera diferente para a casa. E quando os pais brincam com os filhos, eles realmente experimentam a noite como um momento de descanso do trabalho. A brincadeira, o jogo reúnem a família e lhe dão uma sensação de leveza e liberdade.

Celebrar sempre teve como objetivo criar um espaço para respirar, encontrar repouso, clarear nossos sentimentos e assim renovar nossa energia vital.

Atenção plena

Cada noite pode se tornar uma boa oportunidade para examinar atentamente a vida. Podemos repassar o dia em nossa cabeça e refletir sobre onde encontramos Deus, sobre as coisas pelas quais devemos agradecer a Ele. Devemos meditar conscientemente sobre esse dia como um dia que vivemos com Deus. Da mesma forma, podemos procurar nesse dia quais foram os momentos de fruição. Pois, em última análise, o proveito está sempre relacionado a Deus. A tradição espiritual entende a vida eterna como fruição constante de Deus (*frui deo*). Portanto, sente-se por um momento e relembre o dia. Quando você esteve totalmente presente? Quais momentos você desfrutou? Você se lembra do que comeu? Foi capaz de apreciá-lo? Ou onde seus olhos conscientemente perceberam e admiraram alguma coisa? Onde você conseguiu se perder ao ouvir algo? E quais aromas você sentiu? Quem você emocionou hoje e como foi isso? Como se emocionou a si mesmo? Não se irrite se o dia não foi repleto de prazer. Mas tente aproveitar este momento agora. Você está aqui agora, totalmente para si mesmo, totalmente diante de Deus e em Deus. Você não precisa mostrar nenhum rendimento agora. Tudo o que passou por você durante o dia está presente agora. Você sente o momento agora e tem tudo do que precisa. Você tem o próprio Deus, que lhe concede o maior prazer que existe, o prazer de seu amor.

Qual é o meu anseio mais profundo?

Sente-se à noite diante de uma vela acesa e coloque ambas as mãos sobre o centro do peito. Em seguida, feche os olhos e faça esta pergunta: "Qual é o meu anseio mais profundo?" Espere alguns momentos para ver se surge uma resposta em você ou se apenas uma vaga ideia se torna evidente. Faça essa pergunta repetidamente: "Qual é o meu anseio mais profundo?"

A pergunta irá levá-lo para seu próprio interior, para o âmago da sua alma. E talvez você sinta: Meu anseio mais profundo é: ser amor. Mesmo que o seu anseio não possa ser expresso em palavras, por meio desse exercício você entrará em contato com o âmago da sua alma e, nesse anseio, você se sentirá a si mesmo de uma nova maneira, sentindo o rastro de Deus em você mesmo. Não se coloque sob pressão para sentir algo especial. Mas procure ter disposição para se aprofundar cada vez mais no seu interior, pelo menos por 15 minutos, ao perguntar continuamente por seu anseio.

Sob o vasto céu

Olhe para o céu numa noite clara e contemple as estrelas, observe como elas trazem luz para a sua noite, uma luz suave e espiritual. E maravilhe-se com a vastidão do cosmos. Recite lentamente os versos do Salmo 8 como sua própria oração: "Quando vejo os teus céus, obra dos teus dedos, a lua e as estrelas que preparaste; que é o homem mortal para que te lembres dele?" Sinta dentro de si mesmo: quem sou eu diante do infinitamente vasto universo, das incontáveis estrelas que brilham no céu? Tente despertar em si mesmo o sentimento de reverência diante da criação.

Ao olhar para as estrelas, você começa a compreender algo da grandeza de Deus. Como tudo isso pode ter surgido?

Quem é Deus, que criou essas estrelas, das quais só consigo ver uma pequena fração? Você não precisa obter respostas para suas perguntas. Mas talvez você pressinta algo da grandeza de Deus. E provavelmente, com isso, alguns de seus problemas pessoais que antes pareciam tão prementes se relativizem. Talvez algumas coisas não lhe pareçam mais tão importantes. Abra o seu coração sob o vasto céu para que ele se abra para o mistério do Deus incompreensível.

Ir para a cama

Estabeleça um horário fixo para ir para a cama. Algumas pessoas simplesmente não conseguem ir para a cama quando chega a noite. Elas acham que ainda precisam fazer isso ou aquilo. Ou se sentam em frente da televisão porque estão cansadas demais para fazer algo significativo. Mas então permanecem sentadas por mais tempo do que é benéfico para elas. No dia seguinte, elas se irritam por terem desperdiçado tanto tempo em frente à televisão de novo. É bom ter um horário fixo para ir dormir. Não se trata de se encaixar à força numa agenda. Trata-se de criar espaços livres por meio de um cronograma inteligente, nos quais você possa desfrutar o tempo, ou justamente fazer o que lhe dá prazer.

Mesmo que eu sinta que o tempo me domina ao longo do dia, o ritual da noite me devolve o tempo. Quando, à noite, entrego meu dia a Deus com o gesto das mãos abertas, o dia adquire novo caráter para mim. O tempo não escorrega entre meus dedos. Entrego a Deus esse período limitado do dia passado, com tudo o que foi, incluindo os momentos vividos inconscientemente e o tempo perdido. E, assim, o dia volta a ser meu. Não foi um dia perdido.

A porta do dia passado, a porta do trabalho e de seus esforços, fecha-se. E abre-se a porta da noite, onde posso me entregar nas mãos de Deus. Através da porta da noite, entro no espaço do novo dia. Não tropeço de um dia para o outro, mas fecho a porta do passado para estar por completo no espaço do presente.

Como ritual noturno, você pode cruzar as mãos sobre o peito. Imagine que está fechando a porta para o seu interior e agora está sozinho com Deus. Com as mãos cruzadas, você protege o espaço interno onde Deus habita em você. Lá dentro, no fundo da sua alma, há uma fonte inesgotável. Mesmo que tenha se doado muito durante o dia todo, você não está esgotado. A fonte continua jorrando, pois é divina. Talvez você se sinta cansado, mas não exausto. Você sabe que a fonte estará disponível para você no próximo dia também.

Ao encerrar o dia, posso imaginar que foi o último dia. Isso significa para mim: eu concluo este dia como se fosse o fim da minha vida. Coloco tudo nas boas mãos de Deus, este dia, a mim mesmo, todas as pessoas que amo e toda a minha vida. E, ao mesmo tempo, esse encerramento do dia me permite um novo começo, dando a sensação de que devo sempre soltar tudo, entregando-me nas boas mãos de Deus. A noite me lembra do sono da morte; e, a cada manhã, experimento a ressurreição para a nova vida que Deus me proporciona.

Estender as mãos para Deus

Todas as noites, antes de ir para a cama, estenda suas mãos em forma de concha para Deus. As mãos nos mostram o que seguramos hoje, o que moldamos, criamos e pusemos em movimento. Com elas, toquei outras pessoas, fazendo-me lembrar das pessoas a quem dei a mão, lembrando como fiz isso. Elas mostram o que Deus colocou em minhas mãos hoje, quais habilidades Ele me presenteou. Também me lembram de encontros, *insights* e experiências. Tudo isso eu estendo a Deus nas minhas mãos.

Tente o seguinte ritual: Estenda suas mãos, com tudo o que está nelas, a Deus. Abstenha-se de avaliar o que aconteceu hoje. Não julgue o que você fez e disse. Inclua também as dificuldades do dia de hoje. Entregue a Ele também suas feridas e suas trevas. Entregue a Deus tudo o que você segura em suas mãos. Observe o que isso muda para você. Ao entregar tudo a Ele, você se distancia do que o sobrecarrega. Tenha confiança de que Deus transformará em bênção tudo o que você fez e disse hoje, mesmo que não tenha sido tudo perfeito. Isso o libera de ficar remoendo: "se eu tivesse feito isso, se eu fosse assim..." As coisas são como são. Você não pode mais desfazer o dia. Mas Deus é capaz de transformá-lo em bênção.

Você envia suas mãos para as boas mãos de Deus. Nelas você pode se refugiar. As mãos ternas de Deus o carregam. Suas mãos fortes o protegem. Elas o cercam e o acompanham. Você pode se deixar cair nessas mãos. Nesta noite, deixe-se cair nessas mãos. Com tudo o que o preocupa. Com suas aflições e medos. Com suas trevas e sentimentos depressivos.

Ao se entregar, você se liberta do que o sobrecarrega.

Proteja-se nas mãos maternas de Deus. As mãos de Deus o carregam. E se quiser, você pode falar com Jesus as palavras: "Pai, em tuas mãos entrego o meu espírito".

Fechar a porta

Fique de pé. Cruze as mãos sobre o peito, de forma que as pontas dos dedos toquem os ombros. É como se você estivesse fechando a porta e protegendo o espaço interno. É o espaço do silêncio. Um espaço sagrado ao qual o mundo não tem acesso, nem as pessoas com suas expectativas e demandas. Seus filhos não têm acesso, seu cônjuge não tem; e especialmente seus colegas e superiores no trabalho não podem entrar ali.

Até mesmo suas preocupações e medos, as autodepreciações e autoacusações não podem penetrar esse espaço de silêncio. Nesse espaço sagrado, ninguém pode machucá-lo. Nem você mesmo. Ali você é são e íntegro. Nem mesmo seus sentimentos de culpa têm acesso. É um espaço sagrado. Você é são onde o sagrado está dentro de você. E você se sente protegido.

Nesse espaço interno de silêncio, nessa casa interior, você pode dizer a antiga oração noturna da Igreja, que tem mais de 1600 anos. Talvez as antigas palavras também toquem o seu coração: "Visitai, Senhor, esta morada. Que habitem nela os vossos santos Anjos e nos guardem em paz. E que a vossa bênção esteja sempre conosco. Por Cristo, nosso Senhor. Amém".

Colocar as crianças na cama

Em famílias jovens, o ritual de pôr as crianças para dormir é uma parte importante da noite. As crianças precisam de rituais de boa-noite. Elas têm medo da noite. A repetição sempre igual do ritual noturno tira seu medo da escuridão. E o ritual de boa-noite é a certeza de que os pais estão ao seu lado e têm tempo para elas, de que eles as amam. As crianças precisam dessa segurança de que são acompanhadas pelos pais de manhã e à noite. Algo lhes falta quando o ritual noturno é deixado de lado.

Alguns pais narram alguma coisa para seus filhos. Alguns pais leem para as crianças e percebem que elas adoram a repetição literal da mesma história. Outros rezam com elas, seja com palavras pessoais que reflitam novamente o dia, seja com oração noturna apropriada para crianças, que elas repetem junto.

A oração também deve ser sempre acompanhada por contato. Portanto, um bom ritual é quando o pai ou a mãe coloca a mão na cabeça da criança ao final da oração e a abençoa para a noite. Uma mulher me contou que ainda hoje sente a mão pesada e quente do pai em sua cabeça, que ele sempre tocava durante a bênção noturna. Isso lhe dá paz interior, ainda hoje, como adulta.

Consciente, devagar e protegido

Independentemente da família, nós mesmos deveríamos prestar atenção em como vamos para a cama: simplesmente caímos cansados na cama ou passamos esses últimos momentos do dia em plena consciência?

Portanto, tire a roupa devagar à noite. Este é um ritual de transição.

Você verá como o ato de tirar as roupas se torna um símbolo de deixar para trás o dia com suas canseiras.

Reserve tempo também para lavar-se ou tomar banho. Deixe que toda a sujeira do dia escorra. E, então, deite-se na cama conscientemente.

Deixe-se cair nas boas mãos de Deus. Aproveite o momento de se aconchegar na cama. Perceba conscientemente como você está protegido na cama quente. Isso também se torna um símbolo de como as mãos carinhosas de Deus o protegem.

Bons sonhos

Rituais podem abrir a porta da noite, na qual posso me deixar cair nas mãos de Deus. Para os monges antigos, cultivar o silêncio noturno era importante. Eles queriam conscientemente deixar o dia para trás e se preparar para o mistério da noite. Esse era o momento em que o próprio Deus falava com eles por meio dos sonhos. Nos sonhos, Deus nos mostra como estamos passando. Mas muitas vezes Ele também nos dá orientação para nossa vida durante o sonho, mostrando o que está acontecendo em nossa alma e chamando nossa atenção para algo que negligenciamos. Os sonhos nos permitem contemplar a realidade com novos olhos e nos mostram a natureza enigmática do ser, pois apontam para o fundamento divino de todas as coisas. Nossa fé não está apenas na vontade consciente. Nosso inconsciente também é influenciado por ela.

Que o anjo do bom sono venha todas as noites para proteger seu sono. Que Deus também envie o anjo dos sonhos para lhe dar orientação em seus sonhos sobre como você deveria moldar sua vida. Desejo-lhe que o anjo cuide de você enquanto dorme e que ele o faça acordar todos os dias renovado e confiante, para que, ao despertar, você sinta o mistério da vida.

2

Entra ano, sai ano

Viver no ritmo da natureza

Não apenas o dia tem seu ritmo, mas também o ano: vivenciamos a primavera, o verão, o outono e o inverno de maneiras diferentes. As estações do ano também têm um impacto em nossa alma. São, cada uma, uma imagem para a nossa vida. A primavera representa a juventude e tudo o que deseja florescer dentro de nós. O verão leva a floração ao auge. É quando experimentamos a vida como plenitude. O outono simboliza o envelhecimento e nos convida a nos soltarmos. Mas também é o tempo da colheita. O tempo das cores. Às vezes, nossa vida se torna dourada. O inverno representa a morte. No entanto, é também um tempo de descanso, um tempo para nos conectarmos com nossas raízes.

Desde sempre, as pessoas celebraram o ano com rituais. Elas moldaram o início da primavera, do verão, do outono e do inverno por meio de rituais. Esses rituais não se referem apenas às transições da vida, como nascimento, chegada à idade adulta e morte, mas também às transições que as estações nos trazem a cada ano. Eles precisam ser dominados para que cada estação se torne um tempo fértil para o corpo e a alma, permitindo que integremos em nossa vida as qualidades únicas de cada estação. Muitas pessoas hoje redescobriram a necessidade de não serem ditadas apenas por seus prazos e agendas, nos quais cada momento é medido igualmente. Elas desejam perceber o mistério do tempo conforme expresso nas estações. Anseiam por se perceberem a si mesmas de maneiras diferentes em cada estação, para que a abundância da vida possa se desdobrar dentro delas.

Passeio na neve

Quando nevar, faça uma caminhada atenta. Observe a neve, sua clareza e pureza. Veja-a como uma imagem de si mesmo, de sua própria pureza interior.

O que o cheiro da neve lhe faz lembrar? Deixe despertar em você todas as memórias que a neve evoca.

Caminhe devagar e conscientemente pela neve e sinta cada passo. Observe as pegadas que seus passos deixam na neve. E imagine: com sua vida, você está deixando uma marca única neste mundo. Você deixa traços com suas palavras, com seu trabalho, com sua irradiação.

Então, desfrute da tranquilidade e silêncio da paisagem de neve. Deixe-se acalmar por ela. Pare de se questionar se fez tudo corretamente nos últimos tempos. Considere a neve como um símbolo da graça de Deus, que cobre tudo misericordiosamente em você. Deixe que tudo fique coberto. E tenha confiança de que a graça que cobre também transforma tudo dentro de você.

Nova vida emerge

A chegada da primavera nos atrai para o ar livre. Ao caminharmos pela natureza em flor, testemunhamos a vitória da vida sobre a morte também na criação. Isso nos torna mais vivos internamente. Caminhe devagar pela natureza; atravesse um campo ou adentre uma floresta e observe como a vida floresce novamente. A vida é mais forte do que a morte. Compreenda as coisas que você vê: compreenda-as como um reflexo do que acontece dentro de você. Ressurreição significa que a vida em você é mais forte do que a morte. Nas flores que desabrocham, você também percebe: delas emana o amor de Deus em sua direção. O amor é mais forte do que a morte. O que as flores querem lhe dizer? Quais qualidades elas evocam em você? Contemple cada flor, cada arbusto e cada árvore com o olhar de Jesus. Ele diz sobre a videira: "Eu sou a verdadeira videira". A videira se torna para Ele uma metáfora de seu relacionamento conosco. Tente enxergar em todas as plantas, especialmente nas ervas medicinais, uma imagem de você mesmo. Na flor prímula, você reconhece a chave para seu próprio ser na flor. No verbasco, você vê sua própria dignidade real. Tudo se torna uma metáfora de você mesmo e do mistério da ressurreição. Ao caminhar pela natureza com olhos atentos, o mistério de sua própria vida, transformado pela ressurreição de Jesus, será revelado cada vez mais.

Beleza em tudo

Busque um lugar bonito onde você possa permanecer sentado tranquilamente e contemplar a beleza da paisagem. Apenas observe o que se apresenta ao seu olhar nesta primavera, reconhecendo a beleza em tudo o que você vê; e, na beleza, sinta o amor. Beleza e amor estão interligados. Não apenas em nós humanos, mas também na natureza. No entanto, não apenas observe. Ouça também o suave sussurro do vento acariciando delicadamente a relva no campo. Ouça o canto dos pássaros que anunciam a chegada da primavera. O canto dos pássaros é uma forma de cortejo. Ouça o amor presente no canto dos pássaros. Sinta a paisagem com todos os seus sentidos. O mês de maio tem um cheiro característico. Tudo cheira a verde fresco, vivacidade e amor. Tente estar completamente presente com seus sentidos. Em seguida, adentre seu espírito. Seu espírito percebe o mistério de Deus, o mistério da vida em tudo o que seus sentidos lhe oferecem. Aceite a natureza como sua mestra, que lhe revela o mistério de sua fé. Assim, você não crerá apenas com a cabeça, mas com todos os seus sentidos. Pois seus sentidos permitem que você, onde está agora, em meio à natureza, viva corporalmente o que celebramos na Páscoa e no Pentecostes.

Há beleza em você

Contemple a beleza de uma flor, a beleza de um campo florido, a beleza de uma árvore com seu esplendor de florescência. Em seguida, volte seu olhar para você mesmo. E imagine: Toda essa beleza que vejo na natureza também está em mim. Sou belo, sou bela assim como sou. Não preciso esconder ou mudar nada. A questão é apenas permitir que tudo em mim seja permeável ao amor, tal como eu o percebo na natureza. Feche os olhos e imagine: o amor flui dos meus olhos, o amor preenche minha testa, o amor irradia das minhas bochechas, o amor brilha em minha boca. E, então, diga em voz alta e lentamente as palavras: "Eu sou a glória de Deus". Em mim, assim como sou, cintila o esplendor de Deus, a beleza de Deus. Sua beleza resplandece através do meu rosto envelhecido, cheio de rugas. Seu amor flui através das minhas desgastadas mãos para as pessoas, para os animais, para as plantas. Quando você é completamente permeável ao amor e à beleza de Deus, você está em plena união consigo mesmo. Então você vai perceber: você simplesmente existe, em harmonia consigo mesmo. Então, você é belo, você é bela.

Toque na vida

Fique de pé em meio à natureza num belo dia de primavera. Feche os olhos. Abra as mãos como uma concha e tente estar completamente no momento. Em suas mãos, abra todo o seu ser e ofereça-se ao sol e ao vento, encontrando nos elementos da natureza o próprio Deus, que o toca no sol e no vento.

Sinta o sol brilhando sobre você. Em seus raios, o amor de Deus penetra em você. Ele o aquece, preenche todo o seu corpo com amor. Sinta o vento que o acaricia gentilmente. No vento, você pode sentir a mão amorosa de Deus, que o toca e o afaga suavemente. Mas, às vezes, você também pode sentir no vento o poder de Deus, que sopra através de você e remove tudo o que está empoeirado. Abra os olhos e contemple a vida que floresce ao seu redor, nas árvores, nas flores, na grama, no campo. Imagine que essa vida também está dentro de você. Perceba essa vida dentro de você e ao seu redor com todos os sentidos.

Quando você está completamente presente por alguns segundos, sem pensamentos ou considerações, apenas sendo, então você sabe o que é a vida. Portanto, a vida, que é mais forte do que a morte, está em você.

Apenas estar presente

Sente-se num banco num ambiente bonito e tente simplesmente estar presente. Você não precisa fazer nada agora. Não precisa pensar, resolver problemas, recarregar energia ou se recuperar. Em vez disso, permita-se uma vez apenas estar presente, sentir o puro ser. Naturalmente, pensamentos surgirão em sua mente apesar de tudo. Deixe esses pensamentos surgirem tranquilamente em você, mas também deixe-os novamente se retirar. E tente, sem pressão interna, apenas estar presente. Repita para si mesmo lentamente: Eu não preciso fazer nada agora. Eu não preciso provar nada, nem me justificar, tampouco explicar por que estou aqui. Eu estou simplesmente aqui, assim como a natureza ao meu redor está simplesmente aqui. Ouça o som do vento. Deixe o sol penetrar em você. E contemple a beleza da natureza, da relva, das flores, das árvores. Quando sua única atitude é a contemplação, você se esquece de se preocupar consigo mesmo. Você simplesmente existe.

Aproveite o momento. Mas esteja ciente de que o momento não pode ser retido. Portanto, solte-o novamente. Aprecie com gratidão o que você está vivenciando. Apenas esteja presente. Apenas existir, sem a necessidade de comentar sobre isso, é o ápice da contemplação. Nesse momento, você toca o mistério de todo ser, o mistério da criação, o mistério do criador e o seu próprio mistério.

Conexão sob o sol

Escolha um lugar ao sol. Fique embaixo dele, mas apenas se não estiver muito quente, apenas se estiver brilhando agradavelmente sobre você. Imagine os raios de sol aquecendo sua pele. Imagine como eles lentamente atravessam a pele, penetram todo o seu corpo e o preenchem de luz e calor. Então, imagine que, nos raios solares, o próprio amor de Deus penetra em você. Feche os olhos e reflita: se for verdade que é o amor de Deus que penetra em mim através desses raios de sol, se for verdade que sou completamente impregnado pelo amor de Deus, então não preciso mais me esforçar para amar. Então, eu *sou* simplesmente amor. E esse amor dá um novo sabor à minha vida, um sabor agradável e doce. De repente, sou capaz de amar a mim mesmo e desfrutar o amor que está em mim. Ninguém é capaz de tirá-lo de mim. E posso deixar esse amor fluir para os outros, sem a necessidade de me pressionar para isso. Ele flui naturalmente para este mundo e me conecta com a natureza e com todas as pessoas que me vêm à mente.

Força vital inesgotável

Sente-se à beira do mar num dia de verão – ou à beira de um lago ou rio. Contemple a água que balança de um lado para o outro, as ondas que às vezes são fortes e tempestuosas, e às vezes se aproximam de você com total mansidão. A água que você está olhando tem um efeito calmante. Você permanece sentado em contemplação, sem precisar pensar em nada. Mas, de repente, você se sente purificado internamente. As ondas não apenas limpam a praia, mas também as turbulências da sua alma. E a água relativiza todos os seus problemas, em torno dos quais você está girando. O rio continua fluindo; as ondas do mar não param. Elas vêm e vão. Assim, você reconhece no fluxo da água o segredo da sua vida. Ela brota de uma fonte que nunca se esgota. E sua vida nunca vai parar. Ela apenas transitará para uma outra realidade, a realidade da vida eterna, onde você será uno para sempre com Deus, que é a verdadeira fonte de toda vida.

A chuva refresca

Quando estiver chovendo, vista-se bem e leve um guarda-chuva. Então, caminhe devagar e conscientemente sob a chuva. Caminhar na chuva tem uma qualidade própria. Sinta o cheiro da natureza quando chove. A natureza tem um cheiro diferente, dependendo de como e quando chove. A chuva da primavera traz uma sensação diferente da chuva de verão; e a chuva do outono tem, por sua vez, seu cheiro característico. Então, ouça os pingos de chuva. Você também perceberá a chuva de maneiras bastante diferentes: você mal sentirá a garoa. Você simplesmente caminha sob o chuvisco, sem que isso incomode muito. Depois, há a chuva forte, onde talvez você procure abrigo sob uma árvore. E há o gotejar constante da chuva. Sinta essa chuva regular. Ela acalma; e lhe dá a sensação: você está no meio da natureza, no meio do processo de ser fecundado, de ser embebido. A chuva refresca, amolecendo o que estava seco e enrijecido em você e lhe prometendo nova vitalidade e fertilidade. Procure, às vezes, ficar parado deliberadamente sob a chuva, aproveitando-a ao seu redor. E então imagine o que Jesus diz no Sermão da Montanha: "Porque Deus faz que o seu sol se levante sobre maus e bons e a chuva desça sobre justos e injustos" (Mt 5,45). A chuva liga em você o que é justo e injusto. Ela o transforma para que a vida e o amor de Deus fluam através de tudo em você.

Vá em busca da liberdade

Num lindo dia de verão faça uma caminhada mais longa pela natureza. Vá em busca da liberdade. Caminhe conscientemente por uma floresta e preste atenção em seus passos. No início do seu caminho, imagine que você está soltando todos os fios que o seguram pelas costas. São talvez velhos hábitos aos quais você está preso. Ou são laços com pessoas que não lhe fazem bem. Ou dependências de situações ou pessoas. Vá em busca da liberdade. Então você terá a sensação: estou seguindo meu caminho, erguido e em liberdade. Logo após, preste atenção a cada passo. A cada passo, você pisa na terra e se desprende dela novamente e permanece em movimento. Use isso como uma imagem de que você está sempre em processo de transformação, de que algo está mudando dentro de você a cada momento, de que você precisa continuar avançando em seu caminho espiritual e humano, pois não pode ficar parado. A estagnação o deixaria endurecido. Apenas o caminho interno – que você também pode percorrer sentado ou na posição de pé e consciente – o mantém vivo. Sinta essa transformação enquanto caminha. Caminhando, você se transforma. O objetivo da transformação é o seu verdadeiro eu. Você nem consegue mais descrevê-lo. Mas, pressente que, ao caminhar, está se adentrando cada vez mais em sua verdadeira forma.

Descanso, beleza, paz

Aproveite uma bela noite de verão. Sente-se num banco e contemple a natureza. Ouça o canto dos grilos, o suave sussurro do vento. E simplesmente observe o sol se pôr lentamente, as cores com que ele encanta o céu. Desfrute da tranquilidade da noite de verão. E tente apenas estar presente com gratidão, esquecer tudo o que o incomodou, tudo o que pesou em seu dia; tente deixar todas as preocupações para trás e apenas estar presente na observação e na audição. Então, a beleza da natureza também se gravará em seu coração e a tranquilidade da natureza lhe concederá paz. Você não precisa fazer nada. Apenas permaneça sentado, contemple, ouça, cheire, perceba o que está ao seu redor, sentindo toda a imensa paz que emana da natureza, que é quieta em si mesma. Ao se expor a ela, você se tornará silencioso e encontrará paz. Estará em harmonia consigo mesmo e sentirá: nada no mundo me é estranho. Tudo o que está do lado de fora também está dentro de mim. Eu permito isso. Isso me traz paz interior.

Caminhando descalço pelo prado orvalhado

No verão, de manhãzinha, vá descalço até uma campina. Dê pequenos passos lentos e sinta a frescura da manhã a cada passo, a vitalidade do prado, a umidade do orvalho. Pare diversas vezes e observe algumas gotas de orvalho. Elas são como pérolas preciosas que a natureza nos presenteou durante a noite. Quando os raios de sol refletem na gota de orvalho, você está perante um verdadeiro milagre da natureza. Se encontrar uma erva medicinal no campo, colha-a delicadamente e cheire-a. Observe as diferentes plantas, gramíneas, flores, ervas medicinais. Delicie-se com a riqueza de um prado orvalhado de verão. Em seguida, caminhe lentamente por ele, sinta como tocar a terra úmida é benéfico para seus pés descalços. Você se sentirá como uma parte da terra, e voltará revigorado e revitalizado.

Unidade por meio da contemplação

Dirija-se ou caminhe até uma mata de sua preferência, onde possa caminhar sem encontrar pessoas. Em seguida, siga lentamente por um caminho. Tente estar totalmente em seus sentidos. Observe o que aparece diante de você. Forme uma unidade com o que você observa. Ouça os sons suaves da floresta, o murmúrio das folhas, o canto dos pássaros, o zumbido dos insetos. E preste atenção ao silêncio que há ao redor. Sinta o cheiro da mata. Pare diversas vezes, vendo a luz caindo entre as folhas de uma maneira especial. Tente estar totalmente no momento presente, sentindo-se uno com as árvores, com a luz, com o ar. E imagine: o próprio Deus me toca em tudo o que percebo. Fique parado diante de uma árvore que você acha fascinante. Observe suas raízes e veja nelas uma imagem de você mesmo: você também está firmemente enraizado. A árvore é uma promessa de que você também pode resistir às tempestades da vida. E então se posicione como uma árvore: profundamente enraizada na terra, repousando em si mesma. Mas a copa se eleva para cima, em direção ao céu. Nesse sentido, você também é um ser humano da terra e, ao mesmo tempo, um ser humano do céu.

O que quer aparecer em você

Sente-se no seu banco ou no seu campo favorito e fique observando a natureza, que muda durante agosto e início de setembro. No Hemisfério Norte, estamos no fim do verão. O auge do verão já passou. Agora o outono se aproxima. O que você vê na natureza tem relação com você também. Na meia-idade, o auge já foi ultrapassado. Você pode se questionar: isso foi tudo o que vivi até agora? O que está por vir agora? O que posso aprender com a natureza, que agora se prepara para o outono? Será que também devo me preparar para o outono da minha vida? Qual é o sentido da minha vida? O que quero expressar com a minha vida? Que marca desejo deixar neste mundo? O que devo deixar para trás para que o novo possa emergir em mim? O final do verão o convida a conferir um novo brilho à sua vida, um brilho sereno, um brilho suave. Silencie todo o barulho da sua vida e abra-se para o que quer se manifestar em você.

Ricas imagens da alma

Saia para uma caminhada num belo dia de outubro e preste atenção ao cheiro que paira no ar. O cheiro de outubro tem uma qualidade especial. Observe as cores das árvores. Pare de vez em quando e admire as folhas coloridas, como elas balançam ao vento e como também estão sempre caindo no chão. E perceba a atmosfera da paisagem, a suave luz do sol de outubro e o silêncio que se espalha pelos campos ao fim das colheitas. Às vezes, é possível experimentar o que queremos dizer quando falamos do outubro dourado. Deixe que um pouco do ouro que brilha nas folhas iluminadas pelo sol penetre em você e dê um toque dourado em sua vida. Algo dourado em você também cresceu ao longo da sua vida. Grave essas imagens em sua mente e conecte-se com as imagens de sua alma. Todas essas imagens já existem em sua alma: a imagem da diversidade, do silêncio, do ouro. Você as descobre na natureza. Assim, você desenvolve a riqueza interior de sua alma. Dê um tempo para figurar essas imagens em você. E, depois, investigue seu interior: o que estou sentindo? Que anseios emergem em mim? Como está a afinação interna de minha alma?

Descubra as cores da alma

Num radiante entardecer de outono, contemple a suave luz que o sol lança sobre a paisagem. Tente olhar para a sua própria vida com essa mesma luz suave. Descubra a abundância do seu coração, que se reflete na diversidade desta estação. As cores do outono são cores quentes, provenientes tanto da suave luz do sol como das cores amenas das folhas. A palavra alemã *milde* (suave) deriva de *mahlen* (moer) e está relacionada com *weich* (mole). Na nossa vida, só nos tornamos sábios quando olhamos para nós mesmos com um olhar suave. Conhecemos a imagem positiva do ancião sábio e suave – uma pessoa que aprecia gratamente a colheita da sua vida e que justamente se torna uma fonte de alegria para os outros em sua velhice. O oposto é a dureza consigo mesmo. Aqueles que se tratam com severidade também tratarão os outros da mesma forma. E, frequentemente, na fase outonal de suas vidas, pessoas duras tornam-se ainda mais rígidas e difíceis para quem está ao seu redor. Aprenda com a suavidade da luz crepuscular outonal. Cresça nessa suavidade. Desfrute das maravilhosas cores do outono, que o suave sol ilumina na paisagem. Imagine que todas essas cores maravilhosas também estão presentes na sua alma. Então você poderá apreciar a colheita da sua vida com plena gratidão.

Tudo o que cai é bom

Observe a queda das folhas e medite sobre isso. Observe a folha enquanto ela se solta lentamente da árvore e cai no chão. E tome essa imagem como uma imagem de você mesmo. Quais folhas já caíram da árvore da sua vida? E, agora, o que quer cair de você? Em seguida, observe como a folha cai no chão. Ela cai suavemente, enfeita a terra e vai torná-la fértil. Tudo o que cai de você é bom e será bom, mesmo após a queda, para os outros e para você mesmo, para o seu próprio crescimento interior. E, então, contemple a terra que tudo recebe.

Talvez você possa recitar os versos do famoso poema de outono de Rilke:
"E, no entanto, há alguém que segura esta queda, com infinita suavidade em Suas mãos".

As folhas que caem de você são apanhadas pelas mãos suaves de Deus. A terra é uma imagem do Deus materno, que também o ampara e segura com infinita suavidade em suas mãos, já agora, a cada momento da vida, e no final também, quando sua vida, como uma folha colorida, cair para sempre nas mãos de Deus.

No nevoeiro

Escolha conscientemente um dia em que um denso nevoeiro cubra tudo. Não deixe que isso o impeça de seguir em frente, caminhe no nevoeiro e preste atenção ao que você experimenta. Você pode se inspirar no poema de Hermann Hesse: *É singular caminhar no nevoeiro*. Mas confie nos seus próprios sentimentos que afloram em você. Talvez surjam memórias da infância. Sinta como o nevoeiro o envolve, como você não o percebe apenas com os olhos, mas com todo seu corpo. E então imagine que a presença de Deus o envolve. Quando a presença de Deus o envolve, você se recolhe em seu interior e fica livre de todas as influências externas. O nevoeiro restringe sua visão. Você não consegue perceber a paisagem. Mas assim deseja Deus: que Ele então o liberte de todas as distrações, direcionando toda a sua atenção para Ele, para que, em tudo o que você experimentar, você saiba que está cercado pela sua presença curativa.

3

Em casa em mim mesmo

Ir ao meu próprio centro

Muitas pessoas são constantemente tiradas de seu centro por eventos externos em sua vida ou pelas experiências que têm no trabalho. Reagem imediatamente quando alguém as critica. Entram em pânico quando acontece algo fora do habitual. Muitas têm a sensação de que estão sendo consumidas internamente pelo trabalho e pelos conflitos no trabalho. Elas não estão centradas. É de grande ajuda, mesmo durante o trabalho, entrar em contato com nosso centro repetidas vezes. Assim, o estresse externo não me afetará tanto. Não reajo imediatamente às palavras em voz alta dos outros, às explosões de raiva. Permaneço centrado.

Seria uma ilusão pensar que podemos sempre estar em nosso centro. Mas sempre podemos praticar o entrar em contato com nosso centro. Os rituais são uma boa ajuda para sentir nosso próprio centro e reagir a partir dele, em vez de deixar que o comportamento dos outros nos determine. Não nos deixamos ser levados imediatamente pela agitação e não nos irritamos rapidamente com isso ou aquilo. Observamos tudo a partir do nosso centro. E se nos descentramos novamente, um ritual pode nos ajudar a voltar ao centro. Lembrar do centro que experimentamos no ritual já transforma a situação. Ou podemos realizar um pequeno ritual. Caminhamos devagar pelos corredores para nos sentirmos novamente. Ou colocamos a mão na barriga para perceber nosso próprio centro.

Eu sou eu mesmo

Temos a frequente experiência de que nos fortalecemos e aprendemos a ver a vida de nova maneira nos dias de silêncio e recolhimento. Sentimo-nos bem. Vejo a minha vida de maneira diferente e tenho mais esperança. Mas assim que penso no meu cotidiano, tenho medo de cair de novo na mesma velha rotina e de ser subjugado pelas ondas. Um pequeno ritual pode nos ajudar nessas situações.

Não tente fazer muitas coisas. Apenas observe a respiração, o ar que entra e sai de você. E, ao expirar, libere tudo o que o está preocupando no momento. Sinta-se presente na própria respiração. Assim, você retorna para si mesmo. Então se lembre de como se sentiu quando percebeu: "Eu sou eu mesmo". Sentiu-se livre. Sentiu-se erguido internamente e se deu conta: se eu não me pressionar constantemente para atender às expectativas dos outros, mas tentar viver autenticamente a partir de mim mesmo, a vida flui naturalmente.

Você pode se propor concretamente a dizer em voz alta várias vezes por dia: "Eu sou eu mesmo". Diga essa frase quando o despertador tocar de manhã. Então você não será definido pelos compromissos que o esperam no dia. Você se levantará internamente livre. Diga essa frase quando entrar numa conversa com o chefe ou participar de uma reunião. No momento em que pronunciar essas palavras, sentirá liberdade. Não importa se você consegue manter essa liberdade interna durante toda a reunião. Pelo menos, você começará a reunião de forma diferente. E o dia também será diferente. E em algum momento essa liberdade interna se tornará mais de "carne e osso" para você. O importante aqui é praticar continuamente e repetir essa frase: "Eu sou eu mesmo".

A arte de estar sozinho

Sente-se sozinho em seu quarto. Feche os olhos e perceba: Estou completamente sozinho agora. Meu telefone está desligado. Ninguém pode me alcançar neste momento, ninguém está pensando em mim. Estou completamente por minha própria conta. Tenha consciência desse sentimento. Talvez a tristeza surja em você ao pensar nisso. A solidão pode parecer pesada e triste. Mas suporte esse sentimento e atravesse-o. Imagine: O sentimento de solidão está principalmente em meu coração. Mas eu atravesso o coração e chego ao fundo da minha alma. E lá, não apenas chego ao cerne de minha pessoa, mas também ao cerne de tudo o que existe. Lá, no cerne da minha alma, sinto-me conectado a toda a criação. E lá sinto uma profunda conexão com as pessoas, mesmo que eu não esteja falando com ninguém, nem escrevendo para ninguém agora. Não preciso dizer nada aos outros. No silêncio, estou conectado a eles. Talvez, nesse silêncio, você tenha a experiência descrita da seguinte maneira por Evágrio Pôntico: "Um monge é alguém que se separou de tudo e, no entanto, sente-se ligado a tudo. Um monge sabe que é uno com todas as pessoas, pois ele se encontra permanentemente em cada uma".

Da inquietude à harmonia

Sente-se no canto favorito de sua casa, em sua poltrona favorita. Tente, primeiro, sentir a si mesmo, sair da agitação e entrar na tranquilidade, deixando para fora os pensamentos que giram em torno de coisas externas. Sinta-se em harmonia consigo mesmo. E imagine-se cercado pela bênção de Deus. Observe o ambiente em que você se encontra sentado.

E imagine: Este espaço está preenchido pela presença curativa de Deus. Deixe seu olhar percorrer este cômodo de sua casa. Olhe para as imagens nas paredes, os móveis, as peças de memória, lembrando-se de todas as experiências que você já teve neste lugar. Imagine que tudo o que você viveu aqui foi diante dos olhos amorosos de Deus e sob a sua bênção. A bênção de Deus está ao seu redor agora. Ele mantém suas mãos protetoras sobre você. Nada pode realmente lhe fazer mal. Desfrute da bênção que preenche o seu espaço. Imagine-se encontrando paz, segurança e lar sob a bênção desse cômodo; e quando você sair deste cômodo para o mundo, essa bênção o acompanhará. Quando você voltar para casa, vindo do trabalho e de todas as atividades externas, sempre poderá se sentar novamente neste espaço abençoado e permitir-se ser envolvido pela bênção de Deus. Então, sua casa se tornará verdadeiramente um lar, porque o mistério de Deus habita nela.

Da cabeça aos pés

Acomode-se confortavelmente numa poltrona. Em seguida, percorra o seu corpo da cabeça aos pés. Sinta-se dentro da sua cabeça. Onde sua cabeça reage ao excesso de carga e pressão? Você sofre com dores de cabeça ou enxaquecas frequentes? O que isso quer lhe dizer? Qual é a sua resposta para as dores de cabeça ou enxaquecas?

Como estão seus olhos? Você é grato pelos seus olhos? Quando é que seus olhos dão sinais de alerta, indicando que você deve poupá-los, a eles e a você mesmo?

Seus ouvidos já se rebelaram, como, por exemplo, mediante uma perda repentina da audição ou algum zumbido? O que você já ouviu com seus ouvidos: música bonita, palavras tocantes ou também palavras críticas?

Desça para a garganta. Quando sua garganta reage com dores? Para o que suas dores de garganta estão chamando a atenção? Você conhece a sensação de garganta apertada, estrangulada ou o nó na garganta?

Observe seus ombros! Eles estão relaxados ou tensos? Contra o que você está se defendendo com seus ombros?

Em seguida, passe para o peito. Você consegue respirar com amplitude ou algo está restringindo sua respiração?

Como você se sente no seu coração? Quando o coração reage com dores, palpitações, fibrilações ou arritmias cardíacas?

Do coração, procure sentir suas costas! Você tem problemas nas costas? Para que suas dores nas costas estão chamando a atenção? São emoções reprimidas?

Em seguida, desça para o trato digestivo. Você é grato por ele realizar seu trabalho adequadamente? Ou você tem problemas com ele? O que ele quer lhe mostrar?

Então, sinta-se em seus rins. O que os afetam? Ou observe sua vesícula biliar. Você às vezes fica irritado? E quanto ao seu fígado? O que já passou pelo seu fígado?

E, então, sinta-se em suas pernas, coxas, joelhos, panturrilhas e pés. Você é grato pelo serviço de suas pernas? Ou você sente que seus joelhos estão falhando ou causando desconforto? Suas articulações doem? Você consegue ficar em pé confortavelmente ou tem problemas para se manter nessa posição?

Percorra o seu corpo e seja grato por ele, por ele estar a seu serviço. Tente se sentir confortável nele, aceitando-o com todas as suas limitações e feridas. E ofereça seu corpo a Deus, para que o Espírito de Deus flua especialmente para as áreas que lhe causam problemas. E então, imagine que o seu corpo, do jeito que ele é, com suas áreas saudáveis e doentes, é o templo de Deus, onde o Espírito de Deus habita.

Tudo aquilo do que você precisa

Sente-se em uma cadeira ou poltrona confortável. Feche os olhos e preste atenção na respiração, como o ar vai e vem. Apenas observe a respiração e tente estar completamente presente no momento. Isso é o suficiente. Você tem tudo de que precisa. Não faça planos. Não fique pensando em você mesmo. Apenas siga a respiração e observe o que ela faz em seu corpo. Esteja aberto ao que o Espírito de Deus está criando em você. Não julgue o que está acontecendo dentro de você, apenas deixe acontecer. Talvez você então perceba que está presente porque o Deus presente está em você e agindo em você. Explore o mistério de como a cada inspiração algo novo flui para dentro de você.

O poeta persa Rumi chama a respiração de "o perfume do amor de Deus". Imagine como o amor de Deus está fluindo para dentro de você. Ao expirar, deixe o amor fluir para todas as áreas do seu corpo, até o âmago, até a região pélvica. Então você pode sentir que todo o seu corpo está preenchido de amor. Na respiração, você pode, por assim dizer, acariciar-se por dentro ou deixar-se acariciar por Deus. Ou então, imagine-se expirando tudo o que o aflige: medos, preocupações, pensamentos, raiva, velhos padrões de vida. Você exala o antigo para que, ao inspirar, o novo possa fluir para dentro de você. O novo é o Espírito de Deus que renova constantemente, é o Espírito Santo. Ele também é o Espírito curador. Portanto, você pode imaginar o Espírito curador de Deus fluindo para dentro de você na inspiração. Na expiração, deixe esse Espírito curador de Deus fluir para suas feridas, suas tensões, suas áreas corporais que são frágeis e propensas a doenças.

Você sentirá que a respiração consciente lhe faz bem. Ela tem um efeito terapêutico.

Completamente junto a mim mesmo

Kellion é o nome que os antigos monges dão à cela em que vivem e meditam. Experimente o exercício do *kellion* que os monges propõem, especialmente quando você sente vontade de sair de si mesmo. Sente-se no seu quarto, no seu lugar favorito. Não faça absolutamente nada: não leia, não folheie nada. Coloque também o celular de lado. Apenas permaneça sentado e tente tolerar a si mesmo com todos os pensamentos e sentimentos, com o caos interno que pode surgir em você. Não julgue os pensamentos que afloram agora. Permita todos os pensamentos e sentimentos e apenas pondere: isso também sou eu. Isso também faz parte de mim. Em seguida, tente imaginar que você está diante de Deus. Apresente a Deus tudo o que surge em você; e silenciosamente diga a Deus: "Aqui estou eu. E sou assim, com os pensamentos que agora estão se revolvendo em minha mente: caótico, superficial, medíocre, ansioso, sensível". E então imagine que Deus o aceita assim como você é; permita que o Espírito de Deus penetre em tudo o que emerge em você. Quando o Espírito de Deus permeia tudo em você, quando o Espírito de Deus não tem medo de estar diante de você, então você também pode dizer "sim" a si mesmo, não precisando mais fugir de si mesmo. Assim, você pode suportar a si mesmo, porque confia: não estou sozinho. Deus, que me sustenta, está comigo.

Seja fiel a si mesmo

A autoconfiança tem a ver com o fato de que posso ser fiel a mim mesmo. Posso praticar essa fidelidade a mim mesmo quando apoio minha postura interna com expressão física.

Isto é, eu me ponho ereto como uma árvore, com os pés afastados na largura dos quadris. Então, imagino como a respiração sobe dos pés até o teto ao inspirar, e desce do teto até o chão ao expirar. Ao expirar, eu me enraízo cada vez mais fundo, assim como uma árvore afunda suas raízes no solo. Então, imagino: "Sou fiel a mim mesmo. Eu defendo a minha causa. Eu tenho perseverança. Eu posso suportar algo". O corpo é um barômetro que nos mostra como estamos. Muitas vezes, observo como as pessoas que têm de fazer uma apresentação ficam inquietas, mudam de uma perna para a outra ou se agarram ao púlpito. O corpo expressa a insegurança delas; no entanto, ele também é um instrumento de autotransformação humana. Podemos adquirir posturas internas por meio de exercícios corporais.

Através de uma postura ereta correta e saudável, podemos adquirir não apenas resistência física, mas também interna. E isso não é nada além de autoconfiança, autoestima. É importante não nos pavonearmos. Alguns inflam o peito. Porém, quando ficamos de pé corretamente, não temos nosso centro na região peitoral – esta é mais relacionada ao ego que colocamos no centro – mas sim no abdômen inferior. Os japoneses falam do *hara*, que designa o abdômen inferior. Apenas quem está no *hara*, quem tem seu centro no abdômen inferior, é permeável a algo maior, em última instância, a Deus. Alcançamos a verdadeira confiança em nós mesmos somente quando não nos colocamos no centro, mas somos permeáveis a Cristo. Portanto, a postura corporal é ao mesmo tempo um exercício para abandonar o ego e alcançar nosso próprio centro, onde repousamos ao mesmo tempo em nós mesmos e em Deus, e somos permeáveis a Jesus Cristo.

Nada me derruba

Fique em pé, com os pés afastados na largura dos quadris. Em seguida, repita as seguintes frases: "Eu tenho uma posição. Eu me mantenho firme. Eu defendo a mim mesmo. Eu fico ao meu lado". Como você se sente ao dizer essas frases? Elas se harmonizam com essa postura?

Agora, fique em pé de forma deliberadamente contraída e encolha os ombros, elevando-os. Nessa postura, repita as mesmas frases. Você vai perceber que elas não são verdadeiras, e, quando você fica com as pernas afastadas, as frases têm um efeito estranho. Não é um ponto de vista claro, mas uma posição que confunde, e a firme resistência parece forçada.

Em seguida, retorne à postura intermediária. Imagine-se como uma árvore, com suas raízes profundamente enterradas no solo. Você permanece de pé como uma árvore que balança de um lado para o outro com o vento, mas não é derrubada. Nessa postura, é possível imaginar pessoas que trazem dificuldade para que você permaneça sendo você mesmo. Quando elas o criticam, você tende a ser abalado facilmente. Nessa postura, você pode intuir o que significa permanecer firme em si mesmo diante de pessoas aparentemente poderosas. Não é tão desafiador assim. Basta permanecer firme em você mesmo. Então, nenhum vendaval ou tempestade poderá derrubá-lo.

Sinta a sua energia

Sente-se confortavelmente na sua cadeira favorita, feche os olhos e escute o seu corpo: onde você sente uma força fluindo em você?

Coloque suas mãos primeiramente no peito, acima do coração, depois na região do coração, em seguida no abdômen e, por fim, no baixo-ventre.

Sinta onde a energia flui mais intensamente em você. É uma energia de um tipo diferente em cada lugar, no coração ou no abdômen. No coração, trata-se de uma energia mais amorosa, enquanto no abdômen é uma energia de força, uma energia que parece ser infinita. Nessa energia, você sente o desejo de ser completamente você mesmo, sem se adaptar às expectativas dos outros. Você está simplesmente presente – cheio de força, cheio de paixão.

Talvez você sinta também, nessa energia, uma paixão para enfrentar algo, moldar e criar, modificar algo na sua vida ou interagir com outras pessoas.

Sinta para onde a sua paixão o leva. E peça a Deus que acompanhe com sua bênção o que você empreende apaixonadamente.

Revigorado pelo silêncio

Procure um lugar completamente silencioso. Talvez você conheça locais na mata onde não há ruído de carros ou máquinas. Quando caminhar pela floresta, faça pausas para perceber se está completamente silencioso. E então permaneça parado. Ouça o silêncio. Não será um silêncio absoluto. Você pode ouvir o sussurro suave do vento ou o canto dos pássaros, porém, nem o sussurro do vento nem o canto dos pássaros perturbam o silêncio; pelo contrário, eles tornam o silêncio audível, por assim dizer. E então desfrute do silêncio que o cerca. Sinta como é benéfico estar cercado pelo silêncio.

Você pode perceber quando fica parado em silêncio: não precisa de absolutamente nada. Você simplesmente está presente, sentindo o puro ser. Silêncio significa apenas ser, estar simplesmente presente, presença pura, sem intenção. E você percebe: o silêncio é algo puro, claro. Não é turvado pelo ruído humano, nem mesmo pelos pensamentos humanos.

Talvez as palavras do sábio indiano Rabindranath Tagore lhe venham à mente no meio do silêncio: "A poeira das palavras mortas está aderida em você; banhe sua alma no silêncio!" No silêncio, você pode banhar a sua alma, sentindo-se puro, revigorado. Você sente o brilho do que é original, puro, claro na criação.

Então você pode falar com Deus: "Tudo é muito bom. Tudo é muito bonito". Você fica maravilhado e em silêncio. Você simplesmente está presente, reconhecendo a diferença entre ter e ser, como Erich Fromm diz. Você não precisa ter nada, nem posses nem reconhecimento. Você é simplesmente. E esse ser é o mais elevado que nós, seres humanos, podemos experimentar. Nesse ser puro, somos um com nós mesmos, um com Deus e um com tudo o que existe.

Você é belo – totalmente em harmonia consigo mesmo

Observe a beleza de uma flor, a beleza de um campo em flor, a beleza de uma árvore com sua exuberância de flores. Em seguida, retorne seu olhar para si mesmo. Imagine: toda essa beleza também está em mim. Eu sou belo do jeito que sou. Não preciso disfarçar ou mudar nada. O importante é que tudo em mim seja permeável ao amor, tal como posso percebê-lo na natureza, nessa bela flor, como num espelho. Feche os olhos e imagine: o amor flui dos meus olhos, o amor preenche minha testa, o amor brilha nas minhas bochechas. O amor irradia em minha boca. O amor de Deus cintila em meu rosto, como ele é, sem que eu precise maquiá-lo ou torná-lo mais bonito. Seu amor flui através das minhas mãos gastas em direção às pessoas, aos animais, às plantas. Quando você é totalmente permeável ao amor e à beleza de Deus, você está totalmente em harmonia consigo mesmo, então vai perceber: todas as suas vozes críticas sobre você e sua aparência cessarão.

Você simplesmente está presente, em harmonia consigo mesmo; você é bonito. *Schön* (belo) vem de *schauen* (olhar). Quando você se olha com amor, você é bonito. Você se torna feio apenas quando você se odeia. Portanto, olhe para si mesmo e para o seu corpo com um olhar de amor. Então, tudo em você e em seu interior será bonito. "Belo" também vem de *schonen* (cuidar). Cuide-se, abstenha-se de se julgar. Trate-se com amabilidade e cuidado.

Deixe-se impregnar e ser tocado por esse amor, que alcança o âmago da sua alma. E agradeça ao Criador dessa beleza pela mensagem que Ele não apenas "diz por meio das flores", mas que Ele direciona a você na própria flor: É uma mensagem para confiar em sua própria beleza, para descobrir o seu próprio mistério como ser humano; e é um impulso para olhar as pessoas ao seu redor com olhos diferentes e renovados.

Profundamente enraizado

Vá para a natureza e escolha uma árvore forte e bonita. Em seguida, coloque-se ao lado dela, imaginando que suas raízes se estendem profundamente na terra. E então reflita sobre suas raízes: estas em sua terra natal, em sua família, as raízes de seus antepassados, as raízes de sua fé. E imagine-se firmemente enraizado. Podem vir tempestades. A árvore se movimenta, balança para lá e para cá, mas não cai. Ela permanece de pé. Assim, sinta o tronco da árvore; ele é uma imagem do seu corpo. Perceba seu próprio centro, no qual você repousa, olhando para a copa da árvore. Tente ficar completamente ereto e imagine a sua própria copa, que o levanta e o mantém de pé como uma árvore. Em seguida, tente imaginar o ar fluindo, com a inspiração, pelo seu corpo, através dos seus pés, da cabeça, até o céu. E ao expirar, o ar flui da cabeça até o solo. Assim, você pode imaginar que sua respiração conecta o céu e a terra dentro de você. Você é um ser humano da terra, firmemente enraizado como uma árvore. Mas também é um ser humano do céu, aberto para o mistério de Deus acima de você e ao seu redor.

Abrace tudo dentro de você

Muitas pessoas consomem sua energia ao reprimir seus aspectos de sombra. Elas querem parecer fortes e dominantes perante os outros. Mas isso custa muita energia. O gesto da cruz é um bom ritual: eu cruzo os braços sobre o peito. Esse gesto simples é, de fato, um gesto de abraço. Jesus diz no Evangelho de João: "E, quando eu for levantado da terra, atrairei todos a mim" (Jo 12,32). Na cruz, Cristo nos abraça com todas as nossas contradições, com nossos lados de sombra.

Muitas vezes, estamos divididos entre os diferentes polos dentro de nós. Queremos ser apenas religiosos, amigáveis e amorosos. Mas descobrimos dentro de nós também o oposto: a falta de religiosidade, o paganismo, a falta de amabilidade, a dureza, a agressividade e a insatisfação. Não faz sentido reprimir o polo oposto. De acordo com C.G. Jung, o que é reprimido se torna uma sombra, e isso terá um impacto negativo em nossa alma. O objetivo é abraçar os aspectos de sombra. Ao me abraçar, posso imaginar que Cristo em pessoa abraça as contradições que há em mim. Isso me traz paz interior.

Ao praticar o gesto dos braços cruzados sobre o peito à noite, eu imagino: eu abraço em mim o forte e o fraco, o saudável e o doente, o íntegro e o quebrado, o bem-sucedido e o fracassado, o realizado e o não realizado, o vivo e o não vivido, o luminoso e o obscuro, o vivo e o estagnado, a chama em mim e o apagado, a alegria e a tristeza, a confiança e o medo, a fé e a incredulidade, o consciente e o inconsciente. Ao me abraçar dessa maneira, aceito-me como sou. Economizo muita energia. Estou em harmonia comigo mesmo. Protejo-me contra a autodestruição, na qual muitas vezes me enfureço contra mim mesmo por não corresponder à minha própria imagem ideal. Nesse autoabraço, eu me sinto. Estou totalmente junto a mim mesmo. Estou protegido em mim mesmo.

Reconciliado com minha história de vida

É uma tarefa ao longo da vida se reconciliar com a própria biografia. Estar reconciliado com a própria vida significa olhar para trás com gratidão e descobrir minhas próprias forças nas feridas, as quais me mantêm vivo e me levam ao caminho de Deus, de mim mesmo e das pessoas ao meu redor. Cada um pode encontrar seus próprios rituais para se reconciliar com sua própria história de vida. Alguns realizam esse ritual conscientemente na presença de outras pessoas. Quando têm testemunhas para o ritual, o ritual se torna algo vinculativo para ele, pois isso significa: eu me reconciliei com minha história. Agora não posso mais começar a culpar os outros pelo rumo que minha vida tomou. Outra pessoa prefere ficar sozinha para vivenciar esse ritual.

Convido-o a um ritual pessoal, totalmente para você:

Sente-se em silêncio diante de uma vela, de um ícone; ou sobre o banco de uma igreja. Imagine-se cercado pela proximidade curativa e amorosa de Deus. E, então, diante dos olhos benevolentes e amorosos de Deus, reflita sobre sua história de vida. O que vem à mente? Pelo que você é grato? Quais experiências dolorosas surgem em você?

Apresente suas feridas a Deus. Imagine o amor de Deus penetrando em suas feridas e transformando-as. Tocadas pelo amor de Deus, as feridas param de doer. Elas podem existir. Tornam-se pérolas que o adornam.

Então, peça pelo Espírito da reconciliação, para que você possa dizer sim a si mesmo, do jeito que você se tornou com sua história de vida.

Você também pode dar uma forma mais concreta à reconciliação com sua história de vida. Colete na natureza objetos que chamem sua atenção como símbolos das feridas de sua história de vida. Ou escreva num papel todas as autorreprovações das quais você não consegue se livrar. Em seguida, pegue um balde de terra especial para flores e enterre ali todos esses objetos ou os pedaços de papel em que você escreveu. Seria bom ter uma testemunha, sua esposa, seu marido, um amigo, uma amiga. Pegue todos esses símbolos em suas mãos e diga em voz alta: "Enterro com esta pedra, com este galho cortado, com este pedaço de papel a ofensa, a mágoa causada por fulano e fulana". Em seguida, plante sementes de flores na terra e coloque esse vaso em sua casa ou jardim. Obviamente, o ritual não é uma garantia de que as antigas autorreprovações não voltarão à tona, ou de que a ferida não voltará a doer. Mas então diga a si mesmo: Eu as enterrei. Eu as deixo enterradas. Não adianta mexer na terra. Caso contrário, as flores não podem crescer. Deixo tudo o que me aflige como solo fértil, onde flores bonitas florescem.

Eu digo sim a mim mesmo

Quando olho para dentro de mim, experimento atitudes, fantasias, emoções e paixões que preferiria esconder. Preciso de muita energia para reprimir tudo o que não aprovo em mim.

C. G. Jung fala sobre as sombras que cada pessoa possui. Mostramos nosso lado bom. Escondemos os outros lados. Mas então eles caem na sombra e espalham escuridão dentro de nós. A partir da sombra, eles muitas vezes se manifestam de maneira desagradável. A agressão reprimida irrompe por trás da nossa fachada amigável, a necessidade reprimida se manifesta ao ultrapassar os limites de outra pessoa. A sombra é uma área com a qual devo me reconciliar. A outra área são as autorreprovações, a autoacusação e a autodesvalorização. Todos eles apontam para uma imagem ilusória de mim mesmo da qual devo me despedir. O seguinte ritual pode ser uma ajuda para me reconciliar comigo mesmo, como sou, e dizer sim a mim mesmo.

Sente-se em silêncio no seu canto de meditação ou oração, ou em um lugar onde se sinta seguro. Examine suas próprias autorreprovações. Do que você se acusa? Que imagem de si mesmo está por trás de suas autoacusações?

Entregue-se como você é ao amor perdoador de Deus, entregue-lhe seu comportamento como este tem sido até agora. Em seguida, tente se perdoar. Talvez, então, sua culpa se torne uma culpa feliz. Ela o derruba do trono de sua arrogância. Ela o torna humano entre os humanos, misericordioso e gentil, irradiando reconciliação e serenidade. Você não precisa mostrar nada a Deus. Ele prefere que você lhe entregue o seu coração partido (Sl 51,19).

Questione-se sobre quais autoimagens ilusórias estão por trás de suas autocensuras. E, então, enlute-se por ser como é, não tão ideal como sonha, mas sim uma pessoa comum, com pontos fortes e fracos. Somente quando você estiver disposto a se enlutar por sua natureza mediana, quando atravessar a dor da sua fragilidade, poderá se reconciliar consigo mesmo. E, de repente, descobrirá o potencial adormecido na sua alma. Então poderá viver com gratidão aquilo que você é e que o constitui.

Então, observe seus lados de sombra. Você os reconhece quando olha para suas reações irascíveis? Onde você reage com suscetibilidade? Qual lado reprimido em você se manifesta em tais ocasiões? O que você mais gostaria de esconder de si mesmo e dos outros?

Apresente isso a Deus e imagine que a luz de Deus permeia e transforma todas as suas sombras numa fonte de vitalidade e poder.

Procure a criança alegre em você

Procure em seus álbuns de fotos, ou na caixa com aquelas antigas fotos de sua história de vida, algumas imagens em que você foi fotografado quando criança. Observe uma imagem após a outra. Deixe-as penetrar em você. Sinta em seu coração o que elas despertam em você.

Interiorize essa imagem e diga a si mesmo: "Sou eu. O que vejo está dentro de mim". Em seguida, ouça o seu corpo!

Onde você encontra a alegria que a criança irradia em seu corpo? Está em seus olhos, em seu coração ou em sua região peitoral? Permaneça em seu corpo! E reserve um tempo para fruir esse sentimento que está em você. Como esse sentimento está alterando agora a sua autopercepção? Como isso muda seu estado de ânimo?

Então, tente pegar essa criança em seus braços e embalá-la com amor. Você pode dar um lar a essa pequena criança dentro de você. Ela lhe agradecerá com a vitalidade, alegria e autenticidade que há nela.

E, então, peça a Deus que fortaleça essa criança dentro de você e lhe conceda uma participação na fonte de vitalidade que Ele já deu a ela em seu nascimento.

A lembrança nos torna plenos

Sente-se em seu lugar favorito. Feche os olhos e permita que as lembranças da infância venham à tona. Pergunte a si mesmo: Onde eu me sentia completamente protegido quando criança? Quais eram meus lugares favoritos onde eu me refugiava? O que me tocava profundamente quando criança? Eram as missas? Ou as palavras dos meus avós ou as experiências que tive com meus pais, avós e irmãos? E, então, imagine: O que passou continua presente em você. Viktor Frankl chama isso de "a forma mais segura de ser em geral". Ninguém pode lhe roubar o passado. Ele está em você. Medite em você sobre as experiências passadas de segurança e de ser tocado e imagine: essa segurança está agora em mim. Eu estou agora seguro, amparado, guardado e protegido. E imagine: O que me tocou naquela época quer agora me pôr em contato com meu coração. Em seguida, sinta seu coração por meio da lembrança das experiências anteriores, perceba que sensação ele lhe passa quando é completamente tocado. E permaneça nesse estado de ser tocado. Então, você está agora completamente presente. A lembrança une em você a criança que você foi e o adulto que você é agora. Ela o torna completo.

Carregado e protegido

Para que você possa ter uma ideia do que significa "fé", gostaria de convidá-lo ao seguinte ritual. Obviamente, ele representa apenas *um* aspecto da fé que você pode experimentar com auxílio dele, mas trata-se aqui de uma dimensão essencial.

Deite-se confortavelmente de costas em sua cama ou no chão. Tente relaxar, entrando em contato com a superfície sólida abaixo de você e deixando todas as tensões internas do corpo se soltarem para o chão. Imagine que você não está apenas deitado no chão, mas está nas mãos de Deus. Você está sendo carregado por sua mão bondosa. Você não precisa fazer nada e não precisa mostrar nada, não precisa se justificar; simplesmente pode ser como é; você é aceito incondicionalmente, incluindo todas as tensões que ainda existem em você. Aproveite a sensação de poder apenas ser, de se deixar carregar, de estar protegido. E imagine: você não pode cair dessas mãos bondosas de Deus, mesmo se algo der errado em sua vida, mesmo se ficar doente, mesmo se morrer. Você é carregado na vida e na morte. Quando você sentir ou ao menos imaginar isso, reconhecerá o que significa ter fé: a experiência da confiança, de ser carregado, e também a experiência de estar livre de toda pressão de precisar se afirmar, ou provar alguma coisa aos outros.

Reconciliação com Deus

Quando nossa vida não segue o caminho que esperamos, muitas vezes culpamos a Deus: Ele não cuidou de nós. Ele não nos protegeu da doença, da perda de um ente querido, do fracasso. E temos a impressão de que fomos prejudicados, de que Deus concedeu a felicidade aos outros, mas não a nós. Muitos se rebelam. Eles não conseguem mais orar. Assim que são convidados a cantar os hinos na igreja, algo dentro deles se revolta. A ideia de agradecer a Deus com coração, boca e mãos, "que tem feito inumeráveis coisas boas por nós desde o ventre materno e durante toda a nossa vida", parece-lhes um absurdo. Isso não condiz com a sua experiência.

No entanto, enquanto estivermos em desacordo com Deus, também nos será difícil nos reconciliar conosco mesmos.

O seguinte ritual pode ajudá-lo a se reconciliar com Deus: quando você estiver sentado em silêncio em seu cantinho de meditação ou oração, tente ouvir o seu próprio interior: Quais imagens você tem de Deus? Sua vida confirmou ou questionou suas imagens de Deus para você? Que acusações você lança contra Deus? Quando sua vida desfaz as imagens de Deus, o que surge por trás dessas imagens?

Talvez você suspeite que Deus seja completamente diferente das imagens que você criou. Tente se entregar a Ele com todas as suas acusações, com sua rebelião, mergulhe no amor incompreensível dele. Você pode juntar suas mãos como uma concha. Com esse gesto, você solta suas imagens de Deus e oferece suas mãos vazias a Ele, pedindo para que o Deus desconhecido e incompreensível encha suas mãos com amor divino.

Outro ritual: Escreva uma carta para Deus. Nela, você pode repreender a Ele expressando tudo o que lhe está sendo difícil. Mas então, em sua carta, pergunte repetidamente a Deus o que Ele quis dizer com tudo isso e qual é a sua intenção mais profunda para com você. Mantenha um diálogo com Deus em sua carta. Você pode até permitir que Ele responda às suas perguntas e acusações no meio do texto. Talvez você pense: isso não é possível, pois sou eu mesmo que estou escrevendo as respostas de Deus. Naturalmente, tais respostas também são seus próprios pensamentos. Mas quando você se sintoniza com Deus, outros pensamentos fluirão por meio de sua caneta. E você começará a ter uma melhor compreensão de Deus. Ele se tornará mais familiar para você. Você lhe dá uma voz. E você pode se confrontar com essa voz.

Tente escrever para Deus que você o aceita como o Senhor do Céu e da Terra e também como seu Senhor pessoal, que você está disposto a se render à sua vontade, mesmo que não a compreenda. Peça a Deus que lhe conceda paz interior e reconciliação. E então se entregue à sua profundidade, confiando que essa rendição lhe trará liberdade para você ser o seu verdadeiro eu.

Permita-se frequentes momentos de silêncio.

Sente-se em silêncio.

Feche os olhos.

Tente estar completamente presente em si mesmo.

Em seguida, passe por todas as suas emoções. Ao ir da cabeça para o coração e ainda mais fundo para o abdômen, diferentes emoções surgirão em você. Poderão surgir desapontamento e amargura. Ou agressões contra essa ou aquela pessoa. Raiva em relação à sua vida como ela é agora. Em seguida, suas emoções de amor virão à tona. Tanto emoções positivas quanto aquelas que revelam onde você se sente ferido em seu amor por alguém.

Talvez você também experimente a sensação de vazio aflorar em você. Talvez não sinta mais o amor pela pessoa por quem um dia se apaixonou. Permita também que esse vazio ou os sentimentos de indiferença surjam em você. Mas passe por eles e imagine que abaixo de todos esses sentimentos, no âmago da sua alma, há uma fonte de amor que não se esgota.

Esse amor é mais do que um sentimento. É uma qualidade do ser. É uma força que Deus depositou em você. Ela lhe concede paz interior. No meio de todas as suas decepções, no meio de todos os seus anseios por um amor realizado, há um espaço de silêncio, profundamente enraizado em sua alma e permeado de amor. Permita-se essa tranquilidade, sempre que possível.

Ao mergulhar nesse espaço, você encontra harmonia consigo mesmo. E você pode tentar deixar o amor que flui do âmago da sua alma se espalhar pelo seu corpo, coração, olhos e mãos. Então, você se sentirá preenchido por um amor que ninguém pode tirar de você.

Na minha casa

Coloque ambas as mãos no meio do peito e sinta ali o anseio por amor. Se você mantiver as mãos ali por muito tempo, você se sentirá quente. No anseio por amor – como diz Antoine de Saint-Exupéry – já há amor. Sinta o anseio e ao mesmo tempo o amor que está nesse anseio. E diga a si mesmo: este amor me pertence. Ele flui em mim. Ninguém pode tirá-lo de mim. Nenhuma decepção pode destruir esse amor em mim. Há algo indestrutível nele. Aproveite esse amor que o aquece e seja grato por ele. É um presente de Deus para você. O amor o coloca em contato com seu cerne mais íntimo, que parece brilhante e caloroso, onde você pode suportar a si mesmo e se sentir em casa junto a si mesmo. Você pode estar em casa junto a si mesmo porque, no seu íntimo, o próprio Deus, o Mistério, habita em você. Porque casa sempre tem algo a ver com mistério. Você só pode estar em casa onde mora o mistério.

No caminho para tornar-se si mesmo

O caminho para se tornar humano – ou como C. G. Jung o chama: tornar-se si mesmo, o caminho da individuação – consiste em cinco etapas: *aceitar, soltar, tornar-se um, transformar-se, tornar-se novo*. Qualquer pessoa que esteja embarcando na jornada rumo ao seu verdadeiro si-mesmo passará por essas cinco etapas. Elas nem sempre são percorridas na mesma ordem. Às vezes, a aceitação é mais importante, outras vezes o deixar ir, ou o tornar-se um ou tornar-se novo.

Existem muitas maneiras para realizar esses passos internos. Uma maneira é a meditação. Na respiração, experimentamos o aceitar, o soltar, o tornar-se um, o transformar-se e o tornar-se novo. Os rituais da igreja nos convidam a executar esses cinco passos. Além disso, há o caminho pessoal de amadurecimento, que, por meio de todas as experiências e vivências, nos leva repetidamente a dizer "sim" ao que é, a soltar as coisas velhas para que não nos pesem mais no caminho, a nos tornarmos um com Deus e conosco mesmos, a sermos transformados em nossa forma original e íntegra, como Deus nos criou, e a nos tornarmos novos pelo Espírito de Deus, que renova todas as coisas. Eu gostaria de descrever brevemente esses cinco passos e fornecer rituais que ajudam a praticá-los.

Todo psicólogo, todo acompanhante espiritual nos dirá: aceite-se como você é. Erasmo de Roterdã definiu a felicidade como: "querer ser aquele que você é". Mas a pergunta é: o que é exatamente isso, *aceitar-se*?

Eu sugiro o seguinte ritual: sente-se em silêncio no seu cantinho de meditação ou numa igreja. Coloque sua mão direita no coração e imagine: Eu me aceito. Eu me tomo pelas mãos. Tudo em mim pode ser como é. Sou grato a Deus por me ter criado assim, como sou. Eu reconheço em mim a tendência de querer ser como alguém que admiro. Mas agora vou tentar uma vez agradecer por mim e por minha vida, por meus talentos e limitações, por minhas habilidades e fraquezas. Eu sou como sou. Ainda quero crescer, mas agora sou como sou. E por isso sou grato. Digo "sim" a isso porque sei: Deus disse "sim" a mim. Em seguida, imagine-se envolto pela presença curadora de Deus. Nela, você pode ser como é. Nela, você encontra paz e plenitude. Você não precisa se aceitar. Apenas permita que tudo seja como é. Assim, você entra em harmonia consigo mesmo, pleno de gratidão por Deus tê-lo escolhido, ter lançado um olhar sobre você, porque você é valioso para Ele, porque Ele o criou como essa pessoa única e singular.

Aceitar e soltar estão inter-relacionados. Eles formam os primeiros dois passos no caminho do tornar-se humano e do tornar-se si mesmo. Só posso soltar o que eu aceitei. Se eu quiser me livrar de algo a todo custo, isso continuará a me acompanhar.

Um ritual para o *soltar* é a expiração: nela, posso imaginar que estou soltando tudo o que aflora repetidamente na minha mente. Eu deixo para trás o que está empoeirado, tudo o que é passado. Eu solto os pensamentos que vêm à tona. E, por fim, eu me solto. Karlfried Graf Dürckheim disse que o momento mais importante ao respirar é o momento entre a expiração e a inspiração. Nesse momento, é crucial soltar tudo, soltar a si mesmo, soltar o impulso de querer dominar tudo, ter tudo sob controle. Nesse momento, nem há expiração nem inspiração. Nesse momento de silêncio, o que importa é nos entregarmos nas mãos de Deus.

Outro ritual do *soltar* é caminhar ou correr. Ao caminhar ou correr, posso me libertar de tudo o que me prende, me torna dependente, tudo o que se agarra a mim. Eu caminho, eu corro para me libertar de todas as amarras. Eu me movo em direção à forma única que Deus destinou para mim.

Um terceiro ritual de soltar pode ser: eu lanço pedras com força e agressividade em um rio ou lago. A cada pedra que eu jogo, eu libero algo que tenta me controlar, jogando-o na água. Às vezes, também é necessário o poder físico para soltar o que parece estar grudado em mim: podem ser antigas feridas, padrões de vida ou pensamentos e sentimentos dos quais simplesmente não consigo me libertar.

O terceiro passo do tornar-se si mesmo é o *tornar-se um*. Isso também pode ser experimentado na meditação. Após o soltar na expiração, imagino que, na inspiração, o espírito de Deus flui para dentro de mim. Torno-me um com o espírito de Deus e, através desse espírito, torno-me um comigo mesmo. Torno-me um com a minha respiração; e, na respiração, torno-me um com a minha alma.

Um ritual que a igreja nos presenteia para experimentar o tornar-se um é a comunhão na celebração da Eucaristia. Ao comer o pão, tornamo-nos um com Cristo e, por meio dele, com Deus. O comer sempre foi um ato de integração. Eu integro em mim o que é estranho. Na comunhão, integro o corpo de Cristo e, nele, eu integro o seu amor, que brilhou mais claramente em sua entrega na cruz. Na comunhão, o amor de Cristo me invade e permeia todo meu corpo, e assim me torno um com Ele. Agora, não há mais nada em mim que não esteja impregnado e tocado pelo amor de Cristo, de modo que posso, então, tornar-me um comigo mesmo, estar em harmonia com a minha vida, com o meu corpo, com o que me tornei. Ao fundir-me com Cristo, torno-me simultaneamente um com todas as pessoas e com toda a criação.

Outro ritual do tornar-se um: sente-se sozinho e sinta essa condição de estar a sós. Peter Schellenbaum diz: É maravilhoso ser um com tudo, ser totalmente um. Reconcilie-se com sua solidão e perceba nela o que significa ser completamente uno consigo só, completamente em união.

Outro passo no caminho do tornar-se si mesmo é o transformar-se. Na filosofia e mitologia gregas, a metamorfose era uma imagem importante para o processo do tornar-se humano. O ser humano deve ser cada vez mais transformado na imagem única que Deus fez de cada um. A Bíblia nos fala da transfiguração de Jesus no Monte Tabor. Seu rosto foi transformado e resplandeceu em luz clara. Cristo foi transformado na figura que Ele realmente possuía de acordo com sua natureza divina, mas que muitas vezes permanecia oculta aos discípulos.

O ritual mais importante para a transformação é novamente a Eucaristia. Na Eucaristia, oferecemos a Deus nossa própria vida nos dons do pão e do vinho. No pão, oferecemos nosso cotidiano com o que nos desgasta e nos consome. Oferecemos a rotina de nosso dia a dia e a dilaceração expressa nos muitos grãos com os quais é assado o pão. No cálice, estendemos nossa dor e amargura a Deus, para que sejam transformadas por seu amor divino. E no cálice com o vinho, estendemos nosso amor, que muitas vezes está misturado com sentimentos agressivos ou sentimentos de ofensas e ferimentos. Temos confiança de que, nesses dons, o Espírito de Deus também transformará nossa vida, para que se torne visível a imagem original e inadulterada de Deus em nós.

Um ritual pessoal de transformação poderia ser: sente-se e, com o gesto de uma concha, entregue sua vida a Deus. A vida, tal como era, entalhou-se em suas mãos. Nestas mãos, você oferece sua verdade a Deus, para que Ele possa gravar o caminho reservado para você, permitindo que você entalhe seu próprio rastro de vida neste mundo.

O quinto passo no caminho exitoso para se tornar um ser humano é o *tornar-se novo*. Isso também pode acontecer no ritual da respiração: quando você sente, ao inspirar, que um novo fôlego, fresco e não gasto, bem como o espírito criador de Deus fluem para dentro de você, então algo novo acontece em você, você mesmo se torna novo. Deus é sempre um Deus que faz todas as coisas novas. Com seu espírito, Ele nos cria novamente. Você pode imaginar que Ele refresca e renova tudo em você.

4
Conviver

Cultivar e moldar relações

Nos últimos anos, a terapia de casais tem explorado especialmente o efeito curativo dos rituais na convivência entre parceiros. A pedagoga Anke Birnbaum afirma que os rituais fortalecem a identificação com a vida em comum e a coesão do casal. Ela escreve: "Os rituais permitem que os parceiros se afastem temporariamente do mundo exterior e das demandas associadas a ele. Os casais podem criar tempo e espaço para a intimidade, estabelecendo assim as condições para uma comunicação e atividades sem interrupções".

Nos rituais, o casal expressa seus sentimentos, como no beijo de boa noite. Neles, os casais também reafirmam sua história em comum. Neles, por exemplo, seu aniversário de casamento ou o dia em que se conheceram. Esses rituais intensificam a conexão no relacionamento. E, por fim, os rituais são bons amortecedores de estresse. Pois é principalmente o estresse que sobrecarrega muitos relacionamentos. Nos rituais, os casais deliberadamente criam um espaço livre onde passam tempo juntos. Eles interrompem o estresse que os assedia.

Os rituais podem ajudar a resolver conflitos. No entanto, não devemos exigir muito dos rituais. Não devemos vê-los como solução mágica para todos os problemas. Eles muitas vezes marcam o final de um processo conjunto no qual nos envolvemos e fecham a porta do passado, para que as feridas antigas não sejam constantemente usadas como acusações. Somente assim a porta para o futuro pode se abrir.

Você não está sozinho

Sente-se confortavelmente e feche os olhos. Ouça dentro de si: onde há sofrimento em você? Surgem ali antigas mágoas? Ou você sente sofrimento em sua inadequação, em suas doenças, em suas limitações físicas e na sensibilidade de sua alma? Permita que todo esse sofrimento exista em você. Ele é permitido. Mas, então, atravesse o sofrimento e vá até o âmago da sua alma. E imagine: lá, no fundo da minha alma, eu sou um com todas as pessoas que sofrem, com todos os solitários, com todos os magoados e machucados, com todos os desesperados e amargurados. Quando você sentir essa unidade com todos os que sofrem, o seu sofrimento ganhará um sentido. Você não está sozinho em seu sofrimento. Isso nos abre para todas as pessoas. E ao atravessar seu sofrimento em direção ao espaço do silêncio, ao espaço da esperança em transformação e ressurreição, você também torna o mundo mais brilhante para aqueles que sentem que tudo ao seu redor e dentro deles é escuro e vazio.

Descubra suas raízes

Sente-se confortavelmente e feche os olhos. Em seguida, olhe para dentro de si mesmo e pergunte por suas raízes: quais são as raízes que meus pais me transmitiram? Quais atitudes, crenças e comportamentos, incluindo raízes religiosas, eu descubro neles? Quais são os ditados típicos dos meus pais, dos quais posso reconhecer sua filosofia de vida? O que sei sobre meus avós maternos e paternos? Como meus avós moldaram meus pais? Quais são os aspectos obscuros na história dos meus avós e bisavós? Existem segredos familiares sobre os quais ninguém fala, mas que ainda têm efeito na família?

Tente sentir as raízes dentro de si mesmo e procure ser grato pelas raízes que sustentam sua vida.

Em seguida, percorra tudo o que lhe vem à mente sobre seus antepassados, até o âmago da sua alma. E imagine que sua raiz mais profunda está embasada em Deus. Independentemente de como sejam as raízes que seus antepassados lhe transmitiram, há em você uma raiz divina intacta, pura e clara. Tente entrar em contato com essa raiz e imaginar que dela brota um fruto bom e abençoado.

Quando os filhos ainda são pequenos, eles também podem pintar algo em vez de expressá-lo em palavras. Elas podem expressar em suas imagens o que sobrecarrega a família e o que não lhe faz bem. No final, podem queimar essas pinturas. Depois que todos tiverem dito ou pintado algo, a reconciliação pode ser concluída com uma oração em comum, durante a qual todos se seguram pelas mãos. Então, a oração em conjunto une toda a família. E então você pode proferir uma bênção pessoal ou ler uma oração de bênção que lhe seja significativa. Em seguida, vocês podem celebrar juntos uma festa de reconciliação, com uma refeição em comum e uma vela sobre a mesa.

Sentir o amor

O lugar onde entramos em contato com o amor em nós é o mesmo lugar onde o amor habita: é o centro do peito. Portanto, coloque as mãos no centro do peito até que esta região se aqueça, até que você perceba o amor dentro de si. Sinta-se imerso nesse amor. E diga a si mesmo: Este amor é meu. Ele flui em mim. Ninguém pode tirá-lo de mim. Nenhuma decepção pode destruir esse amor. Ele tem algo indestrutível dentro de si. Aproveite esse amor que o aquece e seja grato por ele. É uma dádiva de Deus para você. O amor o conecta com o seu núcleo mais profundo, que é brilhante e quente, onde você pode se amparar e onde pode se sentir em casa junto a si mesmo. Nesse amor que você sente dentro de si, você pode pressentir o amor de Deus que está em você. Deus é amor. Isso nos é dito na Primeira Epístola de João. Quando você sente o amor dentro de si – ou quando sente o anseio por amor dentro de si – você toca o amor de Deus, que é inesgotável, que não é tão frágil e ambíguo como nosso amor humano. Nosso amor humano pode nos encantar, mas também nos machucar. Quando você reconhece o amor de Deus, quando o reconhece em seu próprio amor que carrega dentro de si, então seu anseio por amor é atendido. Então você está em Deus, e Deus está em você.

Sou mais do que o meu papel

Sente-se confortavelmente e imagine-se no seu papel, no papel que você desempenha no trabalho, na família, no seu ambiente – clube, vizinhança, parentesco etc. Em seguida, nesse papel, caminhe pelo espaço e observe a forma como ele influencia a sua postura, movimentos e gestos. Depois, sente-se novamente e imagine: estou abandonando esse papel. Agora eu sou eu mesmo. Quem sou eu de verdade quando meu papel desaparece? O que é esse "eu" que pode desempenhar diferentes papéis, dependendo do ambiente em que estou? Então, dê voltas nesse espaço ou saia para uma caminhada com essa ideia em mente: sou eu mesmo. Não sou apenas o meu papel. O meu "eu" é algo mais profundo. Ele pode usar esta ou aquela máscara e interpretar esta ou aquela função. Porém, o meu "eu" é mais do que as máscaras que uso, e mais do que os papéis que desempenho.

Lidar com as feridas

Pense em uma pessoa com quem você está enfrentando dificuldades atualmente. Quem o machucou? E então, ore por essa pessoa com as palavras de Jesus: "Pai, perdoa-lhes, pois não sabem o que fazem" (Lc 23,34). Talvez você ouça uma voz interna dizendo: "Ela sabia exatamente o que estava fazendo. Ela me feriu de propósito". Mesmo assim, repita a frase: "Pai, perdoa-lhe, pois ele/ela não sabia o que estava fazendo". Então, talvez você pressinta: sim, tal pessoa quis me machucar conscientemente. Mas ela não estava ciente de que estava apenas passando adiante suas próprias antigas feridas. Ela estava cega em sua raiva, cega em sua própria vulnerabilidade. Por meio dessa oração para ela, você pode gradualmente transformar sua relação com ela. Você não precisa forçar-se a lhe conceder perdão. Você está pedindo a Deus que lhe perdoe. E ao orar dessa forma, você a vê com outros olhos. E você pode deixá-la ir. Ela não tem mais poder sobre você. Você não gira mais em torno da ferida; e sente uma profunda paz dentro de si. Você nota que essas palavras de Jesus o conduzem à tranquilidade e à paz. Não é uma sobrecarga para você, mas sim uma oração curativa, uma oração que lhe faz bem.

Outra prática é abençoar aqueles que me machucaram: Quando alguém nos ofende ao falar mal de nós, é fácil perdermos o equilíbrio. Sentimo-nos como vítimas daqueles que nos ferem e ficamos presos ao nosso papel de vítima. Nessa ocasião, Jesus nos aconselha a realizar um bom ritual: "Bendizei os que vos maldizem" (Lc 6,28). Imagine: Quem está falando mal de mim? Com quem eu não quero ter contato atualmente? Em seguida, fique de pé, erga as mãos em gesto de bênção. Deixe a bênção de Deus fluir através das palmas das suas mãos em direção à pessoa que o magoou.

No início, você pode sentir resistência em relação a esse ritual. Mas se você se abrir para isso, vai perceber que a bênção lhe faz bem. Ela é como um escudo protetor que você segura diante de si mesmo. O outro não pode mais machucá-lo. Você sai do papel de vítima e se torna ativo. Você envia ao outro a sua própria energia boa, mas, acima de tudo, a energia abençoada de Deus. Ao permitir que a bênção de Deus flua em direção ao outro, você vai sentir que agora vê com outros olhos aquele que o machucou. Você imagina como a bênção de Deus o permeia, como o outro se harmoniza consigo mesmo. Você vai reconhecer que a ferida dele surgiu de um coração ferido. Ao receber a bênção de Deus e permitir que ela penetre e cure seu coração magoado, ele não sentirá mais a necessidade de machucar os outros. Você lhe deseja paz e a bênção de Deus. Que a bênção de Deus flua nele e o envolva como um manto protetor. Assim, a bênção de Deus também nos protege das feridas causadas pelo outro. O ritual também faz bem a você e facilita o encontro com aquele que falou mal de você.

Reconciliação na família

Toda comunidade precisa de rituais de reconciliação. Havia antigamente nos mosteiros a assim chamada "Kulpa", em que as pessoas se acusavam de ter causado danos à comunidade ou tê-la prejudicado com seu comportamento. Com o tempo, o ritual se tornou vazio e formalista, e acabou sendo abolido. No entanto, para muitas comunidades tornou-se claro que elas precisavam de um ritual de limpeza e reconciliação, pois, caso contrário, haveria uma tendência de negligenciar cada vez mais a comunidade e viver apenas a própria vida. Uma família também precisa de rituais de reconciliação para que as pequenas mágoas diárias, muitas vezes nem percebidas, não se fixem no coração de cada um e pesem nos relacionamentos. Uma boa oportunidade para um ritual de reconciliação familiar seria uma noite durante o período do Advento ou da Quaresma.

Convide sua família para uma celebração de reconciliação. Leia um texto da Bíblia que descreva o convívio em sua família, por exemplo, Romanos 12,9-18 ou Colossenses 3,12-17. Em seguida, convide todos a narrar as coisas do ano passado pelas quais são gratos e quais foram as experiências positivas. Cada um também pode falar sobre o que não correu tão bem em sua experiência e a partir de sua perspectiva. E, se desejar, cada um pode pedir desculpas por isso.

Meus pais e eu

Não importa se seus pais ainda estão vivos ou se já faleceram, reserve um tempo para fazer o seguinte exercício. Reflita sobre o seguinte: o que experienciei com minha mãe em termos de afeto, amor e cuidado. Pelo que sou grato? O que aprendi com minha mãe? Que sabedoria de vida ela me transmitiu? Quais habilidades herdei dela? Do que eu gostaria de me distanciar e deixar com ela? Você poderia dizer: "Mãe, eu a honro pelo que você me deu. E o restante eu deixo com você".

Em seguida, reflita sobre o seguinte: o que experienciei com meu pai em termos de afeto, amor e cuidado. Como eu o vivenciei? Que habilidades herdei dele? E que sabedoria de vida ele me transmitiu? Então, você pode dizer algo semelhante: "Pai, eu o honro pelo que você me deu. O restante eu deixo com você".

Em seguida, ouça seu interior e imagine: O que aprendi com meus pais e o que recebi deles está e permanecerá em mim. E o que me foi dado quero transmiti-lo à minha família, às pessoas com quem me encontro.

Clareando imagens de pai e mãe

Quais imagens de pai e mãe surgem em você? Deixe todas as imagens surgirem, as que afligem, mas também as que fazem bem. E se vierem à sua mente apenas imagens negativas do pai e da mãe, então imagine: Como meu pai entendia a vida? Por que ele se via e se comportava dessa maneira? Que estratégia ele usava para lidar com a vida ao seu modo? E como minha mãe se via? Que imagens internas ela trouxe de sua própria infância? Como ela lidou com isso? Como ela enfrentava a vida com isso? Imagine que as imagens atrativas de pai e mãe se fixam em você, para que você possa viver a partir de sua força, experiência de vida e fé, obtendo das raízes saudáveis de seus pais a força que é necessária para sua vida. E tente olhar por trás das imagens difíceis de seu pai e sua mãe e descobrir a filosofia de vida deles. Talvez ela o ajude a lidar ativamente com a pessoa que você se tornou e, sobre o plano de fundo de todas essas imagens paternas, descobrir sua própria imagem, que contém elementos dos seus pais e, no entanto, é única e singular em si mesma.

A mensagem dos pais

Pegue fotos de seus pais e observe as imagens. O que elas lhe transmitem? Pergunte a si mesmo: Qual é a mensagem dos meus pais para mim? O que aprendi com eles, que habilidades e características recebi deles? E então pense em como você poderia expressar essas habilidades e características de maneira pessoal e única, sem copiar os pais. Pergunte a si mesmo: quais vivências de meus pais não estão de acordo com minha própria compreensão de mim mesmo? Do que quero me distanciar? O que quero deixar para trás? Em seguida, sinta em seu interior: Estou interiormente livre dos meus pais? Ou ainda estou esperando por suas palavras de reconhecimento e elogio? Ainda sou influenciado por seus padrões? Onde esses padrões correspondem à minha própria experiência, ao meu próprio sentimento? E onde devo me distanciar dos seus padrões? E então, simplesmente pare. Não pense mais em seus pais, mas sinta em seu interior: Quem sou eu? Estou em harmonia comigo mesmo, com a minha história de vida? Qual é a imagem única que Deus tem de mim? Você não precisa descrevê-la. Apenas desfrute de ser completamente você mesmo. Sinta o mistério de sua vida, de sua pessoa, de seu ser. Talvez então você encontre completa paz, em harmonia consigo mesmo.

Enfrentar vozes negativas

Muitas vezes, quando queremos ousar algo novo, ouvimos uma voz dentro de nós que não nos encoraja, mas tenta nos convencer: "de todo modo, você não pode fazer isso. Você não vai conseguir. Logo você quer começar algo assim?" São vozes da infância, a voz negativa dos pais, dos educadores ou das pessoas que não acreditaram em nós. São vozes como guardiões dos mortos. O Evangelho de Mateus fala sobre esses guardiões dos mortos que vigiavam o túmulo de Jesus e caíram repentinamente quando o anjo de Deus apareceu.

Uma maneira de lidar com uma situação estressante é o seguinte ritual: Perceba essas vozes como vozes externas, mesmo que estejam dentro de você. Elas voltarão repetidas vezes. Eu as ouço. Eu digo a elas: "Eu as conheço, mas não vou segui-las. Hoje não lhes dou poder. Farei hoje o que eu próprio sinto em mim. Não sou mais uma criança que vocês podem manipular".

Assim, percebo as vozes e me distancio delas. Elas perdem poder.

Outra abordagem é realizar um ritual para enterrar esses guardiões dos mortos. Você pode pegar uma pedra e meditar sobre ela. O que essa pedra faz lembrar? Que carga, que voz pesada e opressiva? Em seguida, enterre essa pedra. Você pode fazer isso conscientemente na presença de alguém de confiança e explicar com palavras o que deseja enterrar para sempre.

Outro ritual: pegue algumas pedras e associe a cada uma delas uma frase específica do pai, da mãe ou de outra pessoa, e então jogue-as com força, arremesse-as num rio ou num lago. Isso pode libertar um pouco do poder dessas vozes. Mas você precisa ser paciente. As vozes vão voltar. Nesse momento, lembre-se do ritual, lembre-se de que você enterrou a pedra e a deixou enterrada, ou que a jogou na água e a deixou bem guardada lá.

Não se aborreça

Pense sobre quais fraquezas das outras pessoas o deixam irritado ou chateado. Em seguida, medite sobre essas fraquezas e tente enxergá-las como um espelho para você mesmo: Por que fico tão chateado com esse comportamento do outro? Eu também tenho em mim mesmo a tendência de me comportar assim, tal como a outra pessoa? Mas eu me proibi de fazê-lo. E me aborreço com o outro porque ele está vivendo o que eu me proibi de fazer. Eu me proibi por causa da minha educação? Ou eu me proibi por convicção interna, porque sinto que não é bom para mim me comportar assim? Ou fico irritado com as fraquezas do outro porque elas me incomodam? Por exemplo, a falta de higiene dele me incomoda por causa dos odores ruins? Se você encontrar um espelho no comportamento do outro, então tente apresentar a Deus sua própria verdade, seus próprios comportamentos e necessidades reprimidas, e tente deixar o amor de Deus fluir neles. Se o comportamento do outro o incomoda porque ultrapassa seus limites – seja por odores, barulhos ou agitação – tente estar bem junto a si mesmo, tente estabelecer limites internos em relação ao outro e permanecer no seu próprio centro. Então, o comportamento do outro não vai mais aborrecer tanto.

Permanecer no meu centro

Certamente você já vivenciou situações de conversa em que se deixou levar para fora do seu centro pelo interlocutor. Quando o outro o ataca de forma agressiva, você reage de forma também agressiva ou amedrontada. E assim permite que o outro imponha seu papel sobre você. E então você fala de maneira igualmente agressiva. Isso leva à divisão.

Para evitar isso, imagine-se do seguinte modo: estou sentado confortavelmente e relaxado na minha poltrona. Observo minha respiração, como ela entra e sai. Estou completamente em mim mesmo, em total harmonia comigo mesmo. Sinto-me livre. Não preciso me justificar para ninguém, nem provar alguma coisa. Sou completamente eu mesmo. Agora vem essa pessoa com quem as conversas frequentemente dão errado, pois eu sempre me deixo ser lançado para fora do meu centro por ela.

Agora, imagino o seguinte: se eu estiver totalmente relaxado, totalmente no meu centro, em plena harmonia comigo mesmo: como eu reagiria ao que o outro diz? Você falará de maneira diferente quando agir completamente a partir do seu centro. E, depois, quando realmente conversar com essa pessoa, você sentirá: não preciso me esforçar. A pré-meditação me ajuda a permanecer no meu centro agora. E posso falar de uma maneira tal que o relacionamento não se rompa, mas sim de modo que a conversa nos conecte. Se eu apenas me limitar à vontade de falar de maneira diferente com essa pessoa, muitas vezes não conseguirei. Pois a vontade sempre chega tarde. Mas quando visualizei nessa pré-meditação como poderia ser a conversa, esse sentimento de estar no meu centro e falar a partir desse centro aflora imediatamente quando a outra pessoa invade meu espaço. E então a conversa terá mais chance de ser bem-sucedida.

Exercício de conexão

Talvez haja alguém com quem você tenha dificuldade, alguém que não lhe é simpático e com quem não consegue se conectar. Nesse caso, tente se colocar no sentimento dessa pessoa: O que a move? Do que ela sofre? Por que ela é como é? Como deve ser a sua visão interior? Como ela se sente quando está sozinha? Ao se colocar nesse lugar, os preconceitos que você tem em relação a ela se dissolvem. Você não pode simplesmente arrancar esses preconceitos de dentro de si; eles surgirão quando você encontrar essa pessoa. No entanto, nessa visualização, você não fixa seu pensamento no preconceito ou nos sentimentos negativos. Em vez disso, você tenta estabelecer uma conexão com a alma dela, com seu verdadeiro eu, que não é apenas definido pelos aspectos antipáticos que chamam a atenção. Talvez, a partir desse sentimento de empatia, você possa orar por ela. Essa pessoa não se tornará imediatamente simpática para você, mas você perceberá que a vê de maneira diferente, pelo menos com a esperança de que seu núcleo bom, que está por trás da aparência antipática, aparece cada vez mais, e que ela encontra cada vez mais harmonia consigo mesma. De repente, ela não é mais tão antipática para você. Você sente empatia e talvez até compaixão, pois percebe que essa pessoa sofre consigo mesma. A compaixão e a empatia o conectam com essa pessoa. E essa conexão também lhe faz bem.

Aprofundar a parceria

Rituais são o lugar onde expressamos sentimentos que, de outra forma, nunca seriam expressos. Eles aprofundam os relacionamentos humanos. Criam uma identidade comum. Eles nos conectam num nível mais profundo do que o do intelecto e da vontade, ainda mais profundo do que o sentimento. Isso é especialmente verdadeiro para os rituais da *relação a dois*. Alguns casais têm o ritual de se cumprimentar de manhã com um beijo e se despedir à noite com um beijo também. Isso pode parecer fugaz. Mas quando o ritual é praticado cotidianamente, há todos os dias pelo menos um ou dois toques ternos do outro. Às vezes, o beijo se torna mais intenso, às vezes é apenas uma prova cotidiana de confiança de que levamos a sério o nosso amor mútuo.

A psicologia redescobriu nos últimos anos a grande importância que esses rituais – de fato, todos os rituais – têm para uma convivência bem-sucedida de casais. Existem os rituais dos ciclos de vida, como a celebração do casamento ou a comemoração de uma aprovação em exame. Existem os rituais nas festas do calendário religioso, especialmente no Natal, que o casal muitas vezes realiza de uma maneira herdada de suas famílias de origem. E existem os rituais especiais, como aniversários de nascimento e aniversários de datas marcantes, a celebração do dia em que se conheceram, nos quais o casal olha gratamente e com alegria para a origem do relacionamento. Mas também existem os rituais da vida cotidiana. Anke Birnbaum observa: "Todos os casais constroem, mesmo que muitas vezes de maneira inconsciente, certos rituais diários e semanais, rituais de despedida e reencontro". Quando os casais realizam esses rituais, eles aprofundam seu relacionamento. Muitas vezes, surgem irritações quando, por exemplo, o marido esquece o aniversário da esposa ou não traz flores no aniversário de casamento. Rituais criam um espaço de segurança e proteção. O esquecimento dos rituais combinados em comum magoa a parceira ou o parceiro.

Sociólogos nos dizem que os cônjuges muitas vezes não conversam por mais de dez minutos por dia. Em vez disso, costumam passar a noite passivamente na frente da televisão. Nesse caso, momentos ritualizados de recolhimento, reflexão e conversa mútua seriam realmente benéficos para o relacionamento. Portanto, muitos psicólogos agora propõem conversas ritualizadas entre casais, para que a percepção dos sentimentos e necessidades do parceiro e a troca mútua também ocorram num sentido mais profundo.

Um exemplo disso é a pedra de fala: uma vez por semana, os cônjuges reservam uma noite um para o outro. Cada um pode expressar o que o está afetando. Enquanto o homem fala, ele segura a pedra de fala. Durante esse tempo, a mulher não pode interrompê-lo. Somente quando ele coloca a pedra na mesa é que a mulher pode pegá-la e então dizer o que é importante para ela. E o homem não pode interrompê-la ou corrigi-la. Ele deve ouvir enquanto ela fala.

Ou há debates ritualizados. Quando o debate tem formas claras, o conflito tem resultado melhor. Em vez de ferir o outro, o casal se aproxima e então esclarece algo que está sobrecarregando o relacionamento.

A conversa sem interrupções

Diante da variedade de rituais possíveis para aprofundar a parceria, gostaria de recomendar apenas um: sente-se junto com sua esposa, com seu marido, num canto confortável e protegido de sua casa, livre de interferências das crianças. Coloque uma vela no centro e acenda-a. Juntos, bebam uma taça de vinho tinto ou, se preferirem, uma xícara de chá. Em seguida, digam um ao outro o que está os afetando no momento. Olhar para a vela acesa entre vocês convida-os a também expressar em palavras o que os transcende, o que os une profundamente. Não falem apenas sobre seus sentimentos, mas também sobre o que os conecta num nível mais profundo, sobre seu desejo compartilhado, sobre seu caminho espiritual, sobre as experiências que tocaram seus corações. Naturalmente, nessa conversa, também há espaço para suas preocupações, preocupações com as crianças, preocupações com o trabalho e preocupações com os pais idosos. Sempre concluam a conversa com um agradecimento expressamente dito, agradecendo por tudo o que Deus lhes deu, principalmente pelo amor que tem sua base no amor inesgotável e imensurável de Deus.

Rituais de intimidade

Casais precisam de rituais de intimidade, nos quais podem se resguardar das pressões e influências externas. Muitas vezes, o tempo compartilhado pelos casais precisa ser conquistado. Caso contrário, as crianças ficam em primeiro plano, ou são as tensões externas que determinam o convívio. Os rituais protegem o casal do estresse ao qual frequentemente estão expostos. Criam um espaço livre para a intimidade, permitindo que os cônjuges se abram um para o outro repetidamente e expressem os sentimentos que os unem profundamente. Muitos casais têm o ritual do beijo de saudação e do beijo de boa noite. São momentos breves, mas ainda assim importantes para que o casal sempre se assegure do amor que o sustenta. Existem muitos rituais de intimidade. Para alguns casais, é quando caminham juntos; para outros, o ritual é uma ida a um concerto, a uma peça de teatro ou a um museu. A ternura entre esposo e esposa também precisa de rituais.

Gostaria de recomendar o seguinte ritual: reserve uma noite ou qualquer hora durante a semana para um passeio juntos. Durante os primeiros dez minutos, caminhem em silêncio lado a lado; observem a natureza que os cerca; ouçam os sons ao seu redor, e respirem o cheiro da mata, dos campos e escutem profundamente seu interior, perguntando por seu anseio mais profundo. Em seguida, conversem um com o outro, mas não sobre suas preocupações e problemas, e sim sobre o que vocês perceberam. É claro, também é necessário um espaço para falar sobre suas preocupações e medos. No entanto, é bom olhar para além de si mesmos e do horizonte limitado da própria família e contemplar o que toca profundamente seu âmago. A natureza ao seu redor não julga, ela os sustenta. Vocês compartilham da sua vitalidade, do amor que a permeia. Vocês precisam, repetidamente, experimentar a fonte comum da qual bebem. E na natureza, vocês entram em contato com a fonte do amor de Deus, que permeia tudo e também flui para dentro de vocês, sem nunca se esgotar, pois é divina.

Cultivar amizades

As amizades também precisam de rituais. Isso pode ser uma ligação telefônica normal, o envio de um e-mail ou mensagens de texto, ou ainda melhor, uma caminhada juntos de vez em quando. A amizade precisa ser cultivada. Caso contrário, ela escorrega pelos dedos em algum momento. Existem amizades que persistem mesmo com pouco contato. Quando nos encontramos, a amizade reaparece imediatamente. No entanto, normalmente a amizade também precisa de rituais nos quais dedicamos tempo um ao outro e expressamos os sentimentos que nos tocam e movem.

A meu ver, a carta é um importante ritual de amizade. Especialmente hoje, na era dos telefones celulares e e-mails, um bom ritual seria sentar-se e escrever uma carta. Pois é óbvio que a escrita é essencialmente parte da amizade. Devemos à amizade algumas das mais belas cartas da literatura mundial. Infelizmente, hoje em dia, perdemos o hábito de escrever cartas uns para os outros. No entanto, a amizade precisa da carta na qual eu compartilho com o amigo o que me move. Konstantin Raudive disse certa vez: "Pessoas que não trocaram cartas não se conhecem". Para o filósofo Ernst Horneffer, a carta para o amigo é como uma festa que celebramos no meio do cotidiano: "Que a carta seja uma festa para você! Você merece desfrutar essa festa. Um sábio grego disse: 'Uma vida sem festas é como uma jornada sem pousada'. Crie um refúgio para a alma em meio à jornada árdua e inquieta – na carta".

O amor que está em nós quer se expressar. A carta é uma expressão duradoura da amizade. Posso ler uma carta repetidas vezes. O santo Francisco Xavier lia de joelhos e com lágrimas as cartas que seu amigo Inácio de Loyola lhe escrevia.

As cartas mantinham a amizade viva, mesmo que os amigos nunca mais se encontrassem durante a vida.

Então eu o convido a escrever uma carta a um amigo pelo menos uma vez por ano. Reserve um tempo para isso. Não apenas escreva sobre o que está fazendo e o que tem vivenciado. Reflita sobre as coisas que realmente o estão movendo neste momento. Escrever irá ajudá-lo a ter um conhecimento mais claro de seus próprios pensamentos e sentimentos. Escrever é benéfico para você. Isso lhe dá tempo para se envolver com seu amigo e se indagar o que os une profundamente. E lhe dá a oportunidade de expressar o que muitas vezes está apenas presente em você de maneira difusa. Isso o coloca em contato com a sua própria verdade. Escreva sobre o que o move. E também escreva ao seu amigo ou amiga sobre seus desejos para ele ou ela e o que você gostaria de saber sobre ele ou ela. A carta anual pode se tornar um ritual que lhe ajuda a prestar contas de si mesmo e do seu estado interno, e a se assegurar do que o sustenta e do destino para onde está indo em sua jornada.

Refeições

Em muitas famílias, é comum fazer uma oração em conjunto antes das refeições. O ritual da oração à mesa confere ao ato de comer o caráter de refeição. Não se trata apenas de encher o estômago, a ato de comer em união não é apenas um momento para saciar a fome, mas sim um verdadeiro momento de refeição. Os gregos chamam essa refeição em comum de *Symposion*. Eles enfatizam que, no momento da refeição, nós nos reunimos e nos sentamos para desfrutar juntos os dons de Deus, mas também para ter conversas que nos conectam uns aos outros. Os filósofos gregos desenvolviam seus pensamentos durante as refeições em comum. A palavra alemã *Mahl* (refeição) deriva de *Mal* (ponto determinado do tempo) e significa o horário determinado em que as pessoas se reúnem para comer juntas. Tal como "rito", "*Mal*" significa o medido, calculado. Essa raiz também está relacionada às palavras *Maß* (medida) e *Muße* (lazer, tempo livre). Durante a refeição, cultivamos a tranquilidade. Temos tempo uns para os outros. Nós nos recuperamos juntos. A ela também estão relacionadas as palavras latinas *meditari* (ponderar, meditar) e *medicus* (médico, conselheiro sábio). As refeições em comum, quando compreendidas nesse contexto de significados, têm a intenção de criar uma atmosfera tranquila no meio da agitação do cotidiano. E elas têm o propósito de serem benéficas para o corpo e a alma. Em todas as religiões, as refeições também sempre possuem um caráter sagrado. Os judeus celebram o *seder* pascal; os cristãos comemoram a santa refeição da Eucaristia, em memória da última ceia de Jesus com seus discípulos. São Bento entende as refeições em comum dos monges sempre com base na refeição sagrada celebrada na igreja.

A imagem do *Symposion* também é útil para as refeições em família. A família se reúne e conversa. No almoço, as crianças querem contar o que aconteceu na escola e o que mais as movimenta. Durante o jantar, pai e mãe falam sobre os acontecimentos importantes em seu trabalho. No entanto, mesmo uma conversa desse tipo precisa ser ritualizada. Uma mãe me contou que seu marido dominava o jantar relatando problemas com seu trabalho. As crianças ficam em silêncio e, afinal de contas, não têm lugar nesse mundo profissional do pai. Então a esposa fez um acordo com seu marido para que ele só falasse sobre seu trabalho depois do jantar. A conversa durante o jantar deve dar espaço principalmente para as crianças falarem sobre suas experiências. O pai agora pergunta às crianças como elas estão indo na escola e o que estão aprendendo. Assim, as crianças se sentem reconhecidas e acolhidas. Toda a atmosfera se transformou.

A oração da refeição

A oração da refeição nos faz conscientes de que são os dons de Deus que conjuntamente podemos desfrutar. Abençoamos esses dons para que nos fortaleçam em nosso caminho, nos mantenham saudáveis e nos encham de alegria. Agradecemos a Deus por nos nutrir diariamente e por podermos desfrutar de sua bondade e benevolência nas dádivas que Ele nos concede. A oração da refeição dá início e término conjuntos à refeição. Muitas vezes, a oração da refeição se torna motivo de discórdia. As crianças se rebelam contra ela. Nesse caso, seria bom descobrir a razão mais profunda de sua resistência. Contra o que estão se rebelando? Como elas poderiam estar imaginando essa oração antes da refeição? Então, é possível discutir se a oração da refeição pode ser reformulada. Em uma família, por exemplo, uma pessoa diferente a cada semana assume a responsabilidade de conduzir a oração antes da refeição. Assim, o ritual não se torna uma rotina. Por exemplo: os pais compraram um livro de "orações da refeição" para que os familiares se alternem. O filho de 18 anos deseja silêncio. Então, toda a família adere a isso. E as crianças pequenas criam a oração da refeição de acordo com a idade delas. Elas convidam todos a darem as mãos e desejarem bom apetite uns para os outros. Isso fortalece o sentimento do "nós" na família. Na forma do ritual, cada um se sente levado a sério e cada um pode imprimir seu modo ao ritual.

Outras famílias acham útil dizer sempre a mesma oração. A oração à mesa dá à família um senso de identidade familiar. Ela une a família. Frequentemente, faz-se uma oração que os antepassados já rezavam. Assim, durante a oração antes da refeição, a família sente a conexão com os avós e bisavós. A força dos antepassados a acompanha. Os familiares participam do mistério de uma família reunida ao redor da mesma mesa, desfrutando dos dons de Deus e se sentindo fortalecidos e nutridos pela proteção divina.

Mesmo quando eu como sozinho em algum lugar, faço uma breve pausa para agradecer a Deus pelo que posso desfrutar. Essa breve pausa me dá a intuição de que desejo comer atenciosamente e não simplesmente engolir sem pensar. E me transmite a mensagem de que o alimento são os bons dons de Deus, que Ele me presenteia. Quando os budistas dizem uma oração à mesa, eles agradecem não apenas a Deus por sua dádiva, mas também às pessoas que a prepararam. Muitas pessoas cooperaram para que essas frutas, esses legumes, essa carne cheguem à nossa mesa. Elas ajudaram no crescimento dos frutos da terra. Elas os colheram e os prepararam para que possamos comê-los hoje. Ao praticarmos essa atenção, nós nos conectamos com todas as pessoas ao redor do mundo que trabalham e atuam para nós.

Compartilhar e ter empatia

Escolha uma pessoa com quem você costuma se comparar, alguém diante de quem você se sente inferior e de quem talvez sinta inveja. Em seguida, imagine: essa pessoa é minha amiga, é meu amigo. Eu compartilho de suas habilidades, de sua beleza, de sua popularidade, de seu sucesso. Sinto-me uno com essa pessoa. Então, a comparação se transforma. Você se sente uno com aquela pessoa com quem você costumava se comparar. E não só isso, você também descobre novas habilidades em si mesmo. Suas habilidades também estão em você. E você pode ser grato pelo que Deus lhe deu. Em seguida, imagine uma pessoa com quem você também se comparou, mas que é mais fraca do que você, diante da qual você se colocou em posição superior ao se comparar. Coloque-se em seu lugar. E também imagine que você é uno com ela, que você compartilha coisas com ela. Então, sua comparação se transformará em empatia. Você sente como a situação é difícil para ela. Você pode sentir empatia por ela, em vez de se colocar em posição superior.

E quando você sentir que a inveja em relação a outra pessoa está surgindo em você, tente transformar esse sentimento também. Pergunte a si mesmo o que Deus já pôs em suas mãos, quais habilidades Ele lhe deu: Ele lhe deu força e ternura, criatividade e sensibilidade. Imagine tudo o que suas mãos já realizaram. E então seja grato por suas mãos. São suas próprias mãos originais, que são incomparáveis com as mãos de outras pessoas. Agradeça a Deus por suas mãos e por tudo o que Ele já realizou por meio delas, e por tudo o que Ele colocou em suas mãos.

Não condenar

Na próxima vez em que estiver numa fila de espera – no supermercado, na bilheteria de um teatro, quando você estiver preso no trânsito, não reclame, – não tente se adiantar e não permita que surja o impulso de fazê-lo. Apenas tente observar as outras pessoas. Imagine o que a mulher à sua frente está pensando e sentindo, como ela está, o que ela deseja. Observe o homem atrás de você. O que o move? Por que ele está tão inquieto? Para onde ele quer ir? Ele não consegue suportar a si mesmo? O que lhe faria bem? Então, tente abençoar interiormente todas essas pessoas, desejar que elas encontrem paz consigo mesmas. Imagine que a bênção de Deus flui para o interior dessas pessoas e acalma sua agitação, aplaca sua insatisfação e ilumina sua tristeza. E, junto com a bênção de Deus, envie sua boa vontade a essas pessoas. Não as condene. Então você não vai experimentar a fila de espera como algo negativo, mas vai se sentir unido a todas essas pessoas e se sentirá bem.

Celebrar aniversários

Cada um de nós celebra o aniversário. No entanto, muitos não estão satisfeitos com sua forma tradicional de comemoração.

Uma refeição em comum é uma boa oportunidade para experimentar a comunidade com os outros, mas apenas boa comida é insuficiente para expressar o mistério da nossa vida. Por meio de rituais, podemos exprimir sentimentos que de outra forma nunca encontrariam expressão. Se você mesmo estiver celebrando seu aniversário, reflita sobre o que poderia ser a estrutura adequada para expressar sentimentos.

Não espere pelos outros. No dia do seu aniversário, comece a agradecer às pessoas a quem você deve muito. Isso também abrirá o coração das pessoas que você convidou para o seu aniversário. E elas não lhe dirão apenas coisas superficiais, mas o que sentem no fundo do coração.

Ao celebrar o aniversário de alguém querido, pense em que ritual você gostaria de propor. Quando minha mãe fazia aniversário, todos os irmãos se reuniam. Por muitos anos, fiz um pequeno discurso nessa ocasião. No entanto, comecei a sentir certa insatisfação dentro de mim. Então, a cada ano, eu pensava num ritual diferente. Certo ano, convidei meus irmãos a narrar o que haviam aprendido com nossa mãe e que levaram para suas vidas. Em outro ano, cantamos juntos uma música: "És abençoado. Uma bênção tu és". Cada um colocava as mãos calmamente sobre a cabeça de nossa mãe. Nesse ritual, havia muita ternura e amor. Isso não apenas fez bem à minha mãe idosa, mas a todos os seus filhos. Rituais aprofundam os relacionamentos. São uma oportunidade de nos aproximarmos e celebrar o mistério de nossa vida.

É claro, existem famílias em que rituais não são comuns, em que eles talvez até sejam ridicularizados. Nesses casos, é difícil encontrar formas adequadas para celebrar aniversários. Rituais não podem curar relacionamentos danificados. Mas são capazes de trazer movimento para relações estagnadas. Eles podem novamente trazer à tona os sentimentos reprimidos e escondidos. Sempre há uma barreira a ser superada quando se trata de convidar um grupo para um ritual. Mas uma vez que superamos essa barreira e todos realmente participam, muitas vezes surgem uma densidade e uma intimidade que tocam profundamente a todos. Portanto, ao celebrar o aniversário do seu pai ou da sua mãe, pense em qual ritual você deseja celebrar.

Também é bom trabalhar com um símbolo nas festas de aniversário. Decore uma vela com símbolos que expressem algo da essência do pai ou da mãe. E passe adiante essa vela, explicando os símbolos.

Alguém, em seu septuagésimo aniversário, prendeu um broche na roupa de seus convidados com a inscrição: "A vida é bela". Com isso, ele queria expressar que, apesar de todos os problemas que também havia enfrentado, sua vida era, em geral, uma vida feliz e que ele, com esse ritual, estava convidando os outros a compartilharem dessa aprovação da existência. Existem muitos símbolos criativos e positivos que podem transmitir algo que palavras isoladas não conseguem.

Se você quiser comemorar seu próprio aniversário, olhe algumas fotos antigas de sua infância. Você descobrirá em cada imagem sua própria vitalidade e alegria, a imagem despreocupada e autêntica que Deus fez de você. Assim, você entrará em contato com seu próprio nascimento e com seu próprio cerne. Você experimentará um novo nascimento. E as imagens despertarão em você gratidão por todos os anos que viveu até agora.

5

Encontrar o equilíbrio

Entre o trabalho e o momento de pausa

É bom quando nos absorvemos totalmente no trabalho. Quando esquecemos nosso ego ao trabalhar e nos entregamos ao que estamos fazendo, então ocorre o mesmo que na oração: nós nos entregamos a Deus ao nos entregarmos às pessoas e ao trabalho. No entanto, sempre há o perigo de nos perdermos no trabalho a ponto de cortamos o contato conosco mesmos. Nesse momento, é bom fazer uma pausa, é importante parar no meio da ação para interrompê-la. Eu passo do fazer externo para meu interior; sinto o meu interior. Desse modo, o que faço flui do meu interior. Não se trata mais de algo apenas superficial. Minha ação é preenchida pelo meu coração. Em tudo, posso sentir meu coração, minha alma. Minha ação é animada.

Na pausa, encontro apoio. Ao dirigir um carro, precisamos parar quando o sinal está vermelho. Vermelho significa: pare, não continue. Mas o parar também é o que me segura, o que me dá apoio sólido. Na pausa, recupero a base no meu trabalho. Quando ele ameaça me sobrecarregar, posso me segurar novamente em mim mesmo e me reerguer com o apoio interior. Para entrar em contato com essa fonte até mesmo no meio do trabalho, são necessários esses pontos de apoio interiores, nos quais posso me sentir. Rituais estão sempre criando um tempo sagrado que está separado do mundo.

Assim, no meio da ação, experimento algo que as demandas do trabalho não podem sufocar. Isso me dá a possibilidade de permanecer interiormente livre no meio da ação e não ser determinado por influências externas. Sem essa pausa, a fonte em nós seca, ou perdemos a conexão com ela.

Conscientemente devagar

Nosso mundo cotidiano e nossa vida profissional geralmente são marcados por um ritmo acelerado. Assim sendo, é bom impor um contraponto consciente. O ideal é escolher um pequeno percurso para caminhar lenta e conscientemente todos os dias. Pode ser a atividade de subir escadas. Pode ser o caminho até a caixa de correio. Ou o caminho até o jardim. Pode ser um caminho que você já percorre todos os dias. Mas também pode ser um caminho que você planeja conscientemente como um ritual, dando uma volta pelo seu jardim, por exemplo.

Tente caminhar com bastante lentidão. Dê um passo, depois outro atenciosamente. Sinta a brisa com suas mãos. É bom estar sozinho nesse momento, sem espectadores. Mas ao caminhar extremamente devagar, você sentirá o que significa estar totalmente no presente, o que significa dar passos, andar, vivenciar o mundo. Você está completamente envolvido em sua caminhada. Não precisa fazer nada. Não precisa se concentrar. Você verá que caminhar extremamente devagar causa uma desaceleração interior, como se você chegasse ao seu coração. Se você praticar isso diariamente, notará uma transformação em si mesmo. Você pode associar a caminhada lenta a um determinado horário, ou a um local específico. Então, todos os dias você sentirá um pouco da desaceleração em sua vida. Isso lhe dará nova energia, até mesmo para o trabalho, onde se pode proceder com mais rapidez.

Está em minhas mãos

Sente-se calmamente, junte suas mãos no formato de concha e observe-as na frente de você. O que Deus colocou em suas mãos? Quais habilidades Ele lhe deu? Talvez força, clareza, ternura, criatividade, coragem para agir? Imagine tudo o que você já pegou nas mãos, o que você abordou, criou e moldou. E, então, olhe para o dia de hoje. O que está vindo do exterior em sua direção? O que você pode criar por si mesmo? O que você gostaria de abordar, moldar e criar com suas próprias mãos? Onde você gostaria de começar hoje, onde gostaria de organizar, esclarecer, moldar sua vida? Quais problemas à sua frente você pode tomar nas mãos a fim de resolvê-los? Peça a Deus que abençoe suas mãos, para que tudo o que você segurar esteja abençoado e traga bênçãos. Que Deus abençoe o trabalho de suas mãos, para que bênçãos emanem delas para você mesmo e para as pessoas que você toca, para aquelas a quem você estende a mão e para quem você trabalha.

Resistir aos instigadores internos

Sente-se confortavelmente numa poltrona. Feche os olhos e ouça a si mesmo! Quais são os instigadores internos que se manifestam em você? Quais imagens surgem em você que o pressionam e o deixam sobrecarregado? Permita que os instigadores e as imagens apareçam calmamente. Olhe para eles e converse com eles. Diga-lhes: sim, você, instigador, você, imagem, vocês foram bons para mim por um tempo. Vocês me ajudaram avançar em meu caminho. Mas agora eu gostaria de me despedir de vocês. Porque sinto que vocês já não me fazem bem. É provável que vocês ainda surjam em mim com frequência. Eu os percebo, mas agora eu opto por uma imagem diferente, por outras palavras que me fazem bem hoje.

E então, continue ouvindo a si mesmo. Agora estão aflorando boas imagens que você poderia usar em contraposição às imagens negativas? E estão surgindo outras palavras que lhe permitem algo, em vez de incitá-lo?

Se nenhuma imagem ou palavra boa surgir, então pense ativamente: O que poderia me ajudar? Que imagem eu gostaria de ter para substituir as negativas e que palavra usar em resposta aos instigadores em mim?

Estabelecer limites e se proteger

Especialmente no ambiente de trabalho, muitas vezes se faz necessário proteger-se das demandas dos outros e evitar violações de limites e abusos. A imagem dos atos de estabelecer limites e se proteger pode ser internalizada por meio do seguinte ritual. Podemos, por exemplo, praticar o ritual antes de uma reunião para nos proteger de influências negativas. Fico em pé, com a postura ereta, e cruzo os braços sobre o peito. Eu fecho a porta, por assim dizer, e então imagino: As pessoas com as quais me encontrarei nesta reunião não têm permissão de entrar neste espaço interior. Eu me abro emocionalmente para essas pessoas, mas não permito que elas invadam meu espaço interior. Posso praticar esse ritual antes de uma reunião e, durante a reunião, posso me lembrar dele várias vezes. Uma ajuda aqui pode ser colocar minha mão no abdômen ou no peito, sem que os outros percebam, ou tocar uma mão na outra. Então, eu me lembro: agora estou junto de mim mesmo. Quando estou junto de mim mesmo, as pessoas não têm poder sobre mim. E não permito que os outros invadam meu espaço interior mais íntimo. Este é um ritual de proteção que me guarda contra a influência negativa de pessoas desequilibradas, especialmente em situações tensas.

Ir ao meu centro

O ritual ao qual eu gostaria de convidá-lo pode ser feito no meio da agitação do cotidiano. Pode ser em seu escritório, quando sentir que está sobrecarregado. Ou no carro, quando o trânsito estiver ruidoso ao seu redor. Ou enquanto espera pelo ônibus, ou mesmo enquanto cozinha ou realiza tarefas domésticas.

Pare por um momento e, partindo da cabeça, passe pelo coração até chegar ao âmago de sua alma.

Você não é capaz de localizar esse âmago da alma no corpo. Mas imagine simplesmente que você direciona sua atenção para o baixo-ventre, onde a respiração pausa ao expirar. Observe o momento entre a expiração e a inspiração. Nada acontece então. Há apenas um silêncio puro. Você não está expirando nem inspirando. Deixa a respiração acontecer espontaneamente. Nesse momento entre a inspiração e a expiração, você chega ao fundo de sua alma.

Imagine que, nessa profundidade, tudo está calmo dentro de você. Em seguida, observe, a partir dessa tranquilidade interior, tudo o que se move externamente: as ligações, os pedidos dos colegas de trabalho, os muitos e-mails aguardando por você, as perguntas das crianças.

Em seguida, faça uma breve pausa. E, então, partindo de seu centro, retorne às atividades em que você estava ocupado.

Você verá que pode realizá-las de maneira diferente. Você não está mais na roda de *hamster*, mas sim em seu centro.

Parar e investigar

É bom, no meio do trabalho, de vez em quando parar e sentir: Como estou? Estou tenso, estou sob pressão? Ou estou calmo e relaxado? Ao fazer uma pausa, posso não apenas sentir a tensão, mas também liberá-la e deixá-la ir. Posso esfriar as emoções acaloradas e apaziguar a turbulência dentro de mim.

A pausa funciona assim: Sento-me conscientemente por um momento e tento investigar meu interior. Observo minha respiração: ela flui suave e uniformemente? Ou há uma inquietação interior? Presto atenção em meu corpo. Onde está tenso? Investigo meu coração: ele está sob pressão?

Então posso conscientemente levar minha respiração a fluir com tranquilidade. E se eu perceber pressão no coração, posso liberá-la. A pausa, portanto, conduz a uma quietude interior por meio da respiração, do coração e do corpo, um espaço interno de silêncio ao qual o trabalho não tem acesso. Assim, até mesmo no meio do trabalho, posso experimentar um espaço de liberdade. Esse espaço dá um sabor diferente à minha atividade. Ela perde o caráter opressor e sobrecarregado. No meio do trabalho, estou completamente junto a mim mesmo. E quando estou junto a mim, não sinto pressão externa. Dedico-me ao trabalho, mas ele não me domina. O trabalho não me arrasta para longe de mim mesmo. Em vez disso, ele passa a ser expressão de minha alma. Flui do meu interior. E as pessoas ao meu redor sentirão minha alma naquilo que faço.

Uma ajuda para a pausa é imaginar imagens curativas e internalizá-las profundamente na alma.

Muitas vezes, durante o trabalho, temos imagens negativas inconscientes em nós. Alguns carregam consigo a imagem da roda de *hamster* e se deixam ser interiormente controlados por ela. Eles têm a sensação de que a pressão só faz aumentar, que o trabalho está girando cada vez mais rápido, que estão patinhando e patinhando, mas não conseguem encontrar o chão sob os pés. Uma professora me contou que muitas vezes tem, durante suas aulas, a imagem de uma domadora dentro de si. Essa também é uma imagem cansativa. Um padre não conseguia mais celebrar a missa porque carregava a imagem interna de estar num pelourinho, com todos o observando e apenas esperando por um erro seu. Outros têm em si mesmos a imagem da pressão e do controle. Sentem-se sob pressão para concluir tudo em determinado prazo, ou fazer um trabalho sempre perfeito. Nesses casos, é terapêutico buscar em si outras imagens durante a pausa.

Uma imagem espiritual curativa é a imagem que Jesus nos apresenta no Evangelho de João: a imagem da videira. Estou ligado à videira divina, ao próprio Cristo. Jesus diz: "Quem está em mim, e eu nele, este dá muito fruto, porque sem mim nada podereis fazer" (Jo 15,5). Outra imagem é a da fonte. No fundo da minha alma, jorra a inesgotável fonte do Espírito Santo. Quando eu paro, investigo o fundo de minha alma e imagino que ali jorra essa fonte, então meu trabalho volta a ganhar mais leveza.

Outra imagem: Estou a serviço de algo maior. Não estou sob o açoite de um chefe ou sob a pressão de prazos que me instigam. Estou a serviço de Deus. Isso confere ao meu trabalho uma nova dimensão e um sabor diferente. Ao fazer uma pausa, tomo consciência das imagens que me adoecem e sobrecarregam, e crio imagens curativas para mim. Elas me conectam com meu verdadeiro eu, com a imagem original que Deus fez de mim. Quando estou em contato com essa imagem, meu trabalho também se transforma. Ela não é mais algo estranho, que me aliena de mim mesmo. Agora é algo que flui de dentro de mim e é "animado" pelo meu próprio núcleo essencial.

Completamente no fazer, completamente em mim mesmo

Como ritual, escolha uma tarefa simples do cotidiano: pode ser passar roupa, aspirar o pó da casa, cortar a grama ou limpar a cozinha. Tente realizar essa simples atividade com plena consciência, tente estar completamente presente no que está fazendo. Então, você perceberá que não é uma tarefa tediosa que precisa ser cumprida. Em vez disso, permita-se dedicar tempo a essa atividade simples. E, ao praticar com atenção plena, você perceberá que tudo se torna um símbolo. A limpeza se torna uma imagem da limpeza interna; o ato de cortar a grama representa eliminar o supérfluo em minha vida. Quando estou completamente envolvido na tarefa, estou completamente presente em mim mesmo. Encontro paz. Posso esquecer todas as preocupações. Então me sinto livre. O trabalho se torna um relaxamento, uma prática espiritual. É uma espiritualidade enraizada na vida concreta. E posso vislumbrar o que Bento quis dizer quando escreveu na Regra que o celerário deve considerar e tratar todos os utensílios do mosteiro como se fossem objetos sagrados do altar. Por meio do fazer com atenção plena, tudo se torna sagrado e valioso. E o simples se torna uma meditação que pode ser tão eficaz quanto sentar-se sozinho para meditar e ficar em silêncio.

Interrupções benéficas

Durante o trabalho, sempre pode haver breves interrupções benéficas. Vou até um colega para discutir algo.

Posso caminhar pelos corredores com um objetivo certo e de maneira bem rápida. Nesse caso, chego esbaforido. Ou uso esse momento para me desacelerar. Caminho devagar e sinto: o tempo é meu. Aproveito o ato de caminhar devagar. Não tenho mais nada a fazer além de simplesmente caminhar neste momento.

Existem muitas outras formas de interrupções benéficas. Antes de me dirigir a uma reunião, faço uma pausa rápida para me conectar comigo mesmo. Quando estou centrado, a conversa não será capaz de me tirar facilmente do centro. Quando o telefone toca, posso atender conscientemente e me envolver com a pessoa que ligou para mim.

Cada um tem seus próprios pequenos rituais durante o trabalho. Todos eles têm como objetivo propiciar um alívio no meio do trabalho e nos reconectar conosco, pois percebemos a presença curativa e amorosa de Deus em meio à proximidade muitas vezes importuna de pessoas açodadas.

Conheço psicólogos que realizam um pequeno ritual após toda conversa com um cliente. Eles abrem a janela e permanecem junto dela, respirando o ar fresco para expirar e liberar tudo o que foi discutido durante a terapia. Outros fazem uma breve oração pelo cliente. Isso os alivia de pensar constantemente se a conversa foi boa ou se realmente ajudou o outro. Eles abençoam o próximo cliente. E desse modo deixam para trás a conversa anterior e preparam-se internamente para a próxima. Assim, eles vão ao encontro do próximo cliente com a bênção de Deus, o que os alivia e, ao mesmo tempo, os torna abertos para o mistério da pessoa que, naquele momento, é a mais importante.

Em conversas frequentes com médicos, fico sabendo que muitos deles sofrem bastante quando a sala de espera está cheia de pacientes e eles precisam atender um após o outro para evitar longos tempos de espera. Dessa forma, eles realmente não conseguem respirar fundo ou "tomar fôlego" entre os atendimentos. Justamente quando há atividade ininterrupta com conversas e tratamentos, pequenas interrupções benéficas seriam necessárias. Para um médico, pode ser o intervalo para o almoço que ele desfruta. Para outro, pode ser o breve, mas consciente ato de inspirar e expirar após cada consulta. Por meio da respiração, ele entra novamente em contato consigo mesmo. Ele pode deixar para trás o paciente que acabou de atender e se prepara conscientemente para o próximo, para que possa estar completamente presente para ele.

O cotidiano como exercício

Podemos transformar as atividades simples do cotidiano em rituais. Neste mês, experimente fazer das pequenas caminhadas uma prática: a ida à caixa de correio, o percurso até o escritório, o caminho até o banheiro podem se tornar uma prática. Normalmente, não prestamos atenção alguma ao ato de caminhar. Queremos chegar o mais rápido possível à caixa de correio ou ao escritório do chefe de departamento. No entanto, esses simples atos de caminhar se tornam um exercício, um ritual, quando passo a andar consciente e lentamente. Através do caminhar lento, a minha vida desacelera. Eu me encontro, chego até mim mesmo. No caminhar lento, percebo o que está acontecendo dentro de mim. Reconheço a essência da minha existência humana, que é estar sempre a caminho. Não posso parar. Preciso continuar seguindo meu caminho interno. E, ao caminhar, posso me libertar de muitas preocupações que tenho. Enquanto caminho, deixo de lado os muitos pensamentos que revolvem em minha mente, as preocupações que tenho com tantas coisas. Estou simplesmente caminhando. Aproveito o momento, caminhando devagar e completamente presente em mim mesmo. Não caminho para alcançar um objetivo externo. Caminho para chegar junto de mim mesmo. Mas o ato de caminhar também me lembra que, em última análise, estou sempre me dirigindo a Deus. Estou sempre a caminho de Deus. Quando tenho essa consciência, os problemas em torno dos quais atualmente estou girando se relativizam.

Permitir e desfrutar o cansaço

Quando você chegar exausto do trabalho, ou se estiver cansado de uma conversa ou das compras, permita-se ficar deitado na cama por 15 minutos. Ajuste o despertador para que não precise ficar olhando no relógio. Feche os olhos e coloque as mãos sobre o coração. Se desejar, pode recitar a oração de Jesus durante esse repouso. Ao inspirar, diga: "Jesus, Filho de Deus", e ao expirar: "tem misericórdia de mim". Sinta o peso do cansaço e desfrute essa sensação de peso. Diga para você mesmo: "Agora não preciso fazer nada. Eu me permito ficar na cama durante esses 15 minutos, sem esperar nenhum resultado disso. Estou apenas aqui. E se eu pegar no sono, tudo bem também. Não estou sob pressão de precisar dormir ou ficar calmo. Simplesmente permaneço deitado, apreciando o fato de não fazer nada, apenas existir. Se surgirem imagens, deixo-as vir à tona. Desfruto do meu cansaço. Ele me convida a buscar o que preciso: estar livre da pressão externa, livre da minha própria pressão de que tudo o que faço deve trazer algum resultado. O ato de permanecer deitado não precisa trazer nada. Apenas existo aqui. Isso é suficiente".

Um espaço sagrado

Quando você estiver na cidade na próxima vez, ou se já mora na cidade, tire um tempo para sentar-se numa igreja. Talvez você tenha sua igreja favorita. Tente simplesmente ficar em silêncio nesse espaço. Primeiro, observe o ambiente ao seu redor. O que o construtor tinha em mente ao planejar essa igreja? O que os artistas queriam expressar com suas pinturas e estátuas? Então, sinta-se nesse espaço e imagine: Por muitas décadas ou até mesmo séculos, as pessoas têm orado neste lugar. Aqui elas encontraram ajuda em suas preocupações. Você pode se sentir conectado a todas essas pessoas. Assim, você entra em contato com as raízes de sua fé. Ao mesmo tempo, cresce em você a confiança de que pode ter uma semelhante experiência de proteção e apoio, assim como as pessoas tiveram em tempos passados. Aqui, no meio da cidade, em meio ao tumulto e à agitação, há um espaço sagrado, um espaço que está além do alcance do mundo, um espaço em que posso me tornar inteiro e são. E neste espaço, estou cercado por amor, misericórdia e beleza. E nesse belo e sagrado espaço, posso experimentar uma sensação de proteção e de lar.

Experienciar o tempo como dádiva

Sente-se em completo silêncio e tente perceber o tempo. A palavra *Stille* (silêncio) vem de *stellen* (pôr, parar), ou ficar imóvel. Quando você fica em silêncio, o tempo também para para você. Então, você está completamente no momento presente. Observe agora a sua respiração. Com cada respiração, o tempo passa. Um novo tempo se aproxima de você. Um novo tempo é presenteado a você. O tempo antigo e gasto flui para o passado. O tempo intacto e intocado se aproxima de você.

Tente deter-se em meio ao silêncio. Tente sentir-se internamente. No ato de parar, você sentirá o espaço sagrado dentro de você. O sagrado não é apenas o que está fora do alcance do mundo. É também o que está afastado do tempo.

Parar significa agarrar-se ao que está além do tempo. Significa agarrar-se a Deus, que transcende todo o tempo e nos presenteia com cada momento. Nesse momento de parar, o tempo não é mais fugaz. Ele não o consome, mas se apresenta a você como um tempo precioso e intocado.

A vida é agora, neste momento no tempo. Ela pertence a você. É um presente de Deus, pois Deus é a origem de todo o tempo.

Liberar a pressão

Reserve algum tempo para você. Imagine: eu não preciso fazer nada agora. Estou completamente no momento presente. Este momento me pertence. Eu vivo nele. E quando eu retornar ao trabalho, também tentarei estar completamente no momento presente, completamente na conversa que estou tendo, completamente na escrita dos e-mails, completamente nos telefonemas. Eu não me deixo pressionar ao conversar, ao escrever, ao telefonar. Eu me volto completamente para o momento presente. Experimente fazer isso repetidas vezes. Faça uma coisa após outra e não pense na próxima enquanto estiver fazendo uma. Isso alivia a pressão de já estar pensando no próximo passo. Isso também o liberta da pressão de precisar fazer tudo de uma só vez. Você está agora no momento presente, e só faz o que este momento pede. Estar completamente no momento presente é algo que pode ser praticado e não requer um tempo próprio. Eu só preciso dar passos conscientes um após o outro. Quando eu abro a porta do escritório, não há nada mais importante do que isso. Percebo o que estou fazendo. Entro no meu escritório. Sento-me à mesa. Pego as coisas, ligo o computador e vou executando uma coisa de cada vez. Isso não significa que faço tudo devagar. Apenas estou atento para não me deixar levar pelo açodamento. Mas, ao fazer uma coisa após a outra, o trabalho, por si só, ocorre de maneira rápida e eficiente.

Rituais de limiar

No passado, havia rituais de limiar relacionados à purificação. Não se entrava simplesmente na casa. As pessoas se persignavam com um pouco de água benta: na testa, no abdômen, no ombro esquerdo e no direito. Com isso, elas estavam expressando: eu purifico meu pensamento, que ainda está obscurecido pelo trabalho. Eu purifico minha vitalidade de emoções destrutivas, como raiva e fúria. Eu purifico o inconsciente, onde emoções reprimidas se estabeleceram. E eu purifico a consciência, minhas ações, para que eu possa agir com clareza e acerto. Aquele que realiza conscientemente este antigo ritual de limiar sentirá que é benéfico para ele.

Existem outros rituais de limiar que são uma forma de traçar limites em relação às experiências estressantes do dia: Eu cruzo conscientemente o limiar da minha casa. Sinto a alegria de estar em casa. Percebo a atmosfera da casa. Eu me conscientizo: Eu quero trazer paz a esta casa. Eu quero me envolver completamente com as pessoas que encontro nesta casa. Jesus recomendou esse ritual de limiar aos seus discípulos: "E, em qualquer casa onde entrardes, dizei primeiro: Paz seja nesta casa" (Lc 10,5).

Todos os dias, há algo que nos desafia, todos os dias temos de atravessar limiares.

Um ritual para cada dia:

Perceba com consciência e atenção os limiares que você atravessa, o limiar da sua casa para o exterior, o limiar da empresa em que trabalha, o limiar da loja onde faz compras, o limiar da casa onde visita alguém. Observe também os limiares internos diante dos quais você está, que está atravessando agora. Talvez seja o limiar da meia-idade, o limiar do envelhecimento, o limiar da doença ou da saúde, o limiar da morte. E os abençoe, para que seja uma bênção aquilo que o aguarda além do limiar. Abençoe-os, para que você mesmo traga bênçãos ao atravessá-los.

6

Pausa em tempos difíceis

Acompanhamento e apoio no luto

O luto nos lança num caos emocional. Os rituais trazem uma forma em meio ao luto. Ao fazermos algo, o luto pode se transformar. Os rituais expressam não apenas nosso amor pelo falecido, mas também conferem estrutura ao nosso luto. Praticamente não há morte que não seja processada por meio de rituais oficiais. A igreja celebra um réquiem para o falecido. E então há o funeral religioso no cemitério com seus rituais definidos. Os rituais não pretendem encobrir o luto, mas transformá-lo. Na psicologia da religião, fala-se de ritos de passagem. Eles têm a tarefa de representar a passagem do falecido do mundo terreno para o mundo celestial, a separação do falecido e, ao mesmo tempo, a conexão com ele.

Os rituais serão diferentes conforme os pais idosos morrem ou o cônjuge morre no auge da vida, conforme alguém morre repentina e inesperadamente, ou após uma doença prolongada. A situação será diferente quando irmãos ou filhos morrem, um idoso ou um jovem, e também conforme a morte ocorreu violentamente, em acidente trágico ou após longo padecimento, ou se veio tranquilamente para uma pessoa "saciada de vida".

Para nós, os rituais têm a tarefa de expressar nosso pesar e, ao mesmo tempo, transformá-lo. O falecido não precisa deles, pois está nas boas mãos de Deus. Mas nós precisamos deles para nos despedirmos adequadamente e acreditar que o falecido está junto a Deus e que ele se tornará uma bênção para nós por meio de Deus.

Oração pelos falecidos

Imediatamente após a morte, muitos parentes sentem a necessidade de orar junto ao leito de morte. Eles rezam Salmos ou o terço. Eles se lembram de como o falecido costumava rezar o Pai-nosso, por exemplo. E assim, eles, em oração, acompanham o falecido para que a transição seja bem-sucedida, para que ele se entregue ao amor de Deus em seu encontro com ele. Em muitas regiões, é costume rezar um rosário pelo falecido no dia anterior ao funeral. Parentes e amigos se reúnem na igreja para orar juntos. A oração pelo falecido é uma expressão do nosso amor por ele. Rezamos por ele, para que seu encontro com Deus seja bem-sucedido, para que ele se entregue ao amor de Deus. Assim, os rituais imediatamente após a morte – incluindo o funeral – são uma forma de nos despedirmos da pessoa que faleceu. Não podemos nos despedir apenas em nossos pensamentos. Temos a necessidade de celebrar uma cerimônia de despedida. O ritual do enterro religioso é uma dessas cerimônias de despedida. Devemos organizá-lo de forma que seja adequada para nós e para o falecido.

Um tempo próprio

Cada ritual também possui seu próprio tempo. Eles levam em conta a transformação do luto ao longo do tempo. Na tradição cristã, rezamos pelos falecidos durante 40 dias. Depois, nossa oração se transforma. Ela passa a ser uma lembrança do falecido. Na oração, experimentamos a comunhão com ele e podemos pedir que ele interceda por nós junto a Deus e nos acompanhe e abençoe a partir de Deus. É costume celebrar uma Eucaristia pelos falecidos seis semanas após a morte, chamada de "Missa das Seis Semanas". Ela marca o fim da primeira fase do luto. Nessa celebração eucarística, vivemos a comunhão com o falecido. Não o excluímos de nossa vida, mas o integramos.

Celebrar a despedida

Os rituais não são apenas uma expressão geral, mas também uma expressão concreta do amor por uma determinada pessoa que faleceu. Devemos encorajar os enlutados a desenvolver sua própria maneira pessoal de expressar o luto. Isso pode ser demonstrado na forma como eles decoram o caixão, como planejam e realizam a cerimônia fúnebre, e como se despedem do falecido no círculo familiar, para fazerem justiça à singularidade do falecido por meio de seu luto e cerimônia de despedida. Eles podem depositar na cerimônia de despedida todo o seu amor pelo falecido. Por isso, devemos preparar esta cerimônia de despedida de forma cuidadosa e amorosa, juntamente com os familiares e conhecidos enlutados.

Quando minha mãe faleceu, conversei com meus irmãos sobre como queríamos organizar a missa em memória dela. Meus irmãos mencionaram as canções que ela apreciava cantar. Ela costumava entoá-las durante a missa diária e, às vezes, em casa enquanto trabalhava. Assim sendo, escolhemos suas músicas favoritas. Na introdução da missa, eu também disse: "Agora cantaremos as canções com as quais minha mãe expressava sua fé, as músicas que a ajudavam a suportar com alegria o que lhe foi imposto como sofrimento. E confiamos que agora ela está cantando essas canções no céu, não mais como quem crê, mas como quem vê".

Em nosso convento, temos o ritual de fazer uma rodada de contação de histórias na noite do dia do enterro. Quem quiser, conta suas experiências e impressões sobre o colega falecido. Isso é uma homenagem ao colega, mas também é benéfico para a comunidade. Outro ritual é acender uma vela no local do falecido na sala de refeições durante 30 dias. E, durante esse período, rezamos uma prece por ele na hora do almoço. Dessa forma, ele não é esquecido. Durante o jantar, são lidos em voz alta os nomes dos falecidos de nosso mosteiro cujo aniversário está próximo. Nós nos lembramos deles conforme o registro histórico do mosteiro desde o ano 1100. Dessa forma, a cada ano, nos lembramos dos irmãos que morreram. Eles continuam vivos em nossa memória. No claustro, há um lugar onde se escreve o nome dos falecidos do respectivo dia, e seus cartões fúnebres são expostos. Ao olharmos para as imagens, os falecidos tornam-se presentes novamente para nós. Eles fazem parte de nós. Vivemos a partir das raízes que eles representam para nós.

Uma carta ao falecido

Podemos também recomendar rituais para aqueles que estão de luto. Quando conduzo cursos de luto, dou aos participantes a tarefa de escrever uma carta para o falecido. Nessa carta, o enlutado deve expressar todos os seus sentimentos, agradecer pela vida compartilhada, bem como pedir perdão. Também pode incluir nela tudo o que gostaria de ter dito durante a vida, mas nunca disse. Após 20 minutos, cada um também deve escrever uma carta do falecido para si mesmo. Alguns dizem que são seus próprios pensamentos que eles estão escrevendo. Eu respondo: "Sim, sem dúvida, você está escrevendo a carta. Mas confie que você está escrevendo palavras que vêm de uma profundidade que você normalmente não alcança no cotidiano". Num desses cursos, havia entre os participantes uma mulher cuja mãe falecera havia seis meses. Ela teve uma relação difícil com a mãe e ainda se sentia ferida e rejeitada por ela. Quando essa mulher escreveu a carta da mãe endereçada para si mesma, ficou surpresa ao ler as palavras que escreveu: "Sinto muito por tudo o que deu errado entre nós. Mas saiba que sempre a amei". Essas palavras reconciliaram a mulher com sua mãe. Ela, de repente, compreendeu a impotência de sua mãe em expressar adequadamente seu amor pela filha.

O jarro de lágrimas

No curso para pais enlutados, na primeira rodada de conversas, peço a cada um que nos conte: "Como seu filho morreu? Quantos anos tinha? Quando ele morreu?" Quando todos os pais falam sobre a morte de seus filhos, há muitas lágrimas. E no ambiente se instala uma atmosfera de grande tristeza. Em seguida, encerro a rodada de conversas com o ritual do jarro de lágrimas. Eu levanto um jarro com água. São as lágrimas que choramos e ainda continuamos chorando por nossos filhos. Entrego-as a Deus, para que Ele transforme minhas lágrimas de luto em lágrimas que enriquecem minha vida, que fazem novas coisas florescerem em mim e que me purifiquem de todas as turbulências em meu luto, libertando-me de toda fixação no falecido. Silenciosamente, entrego minhas lágrimas a Deus, pedindo que Ele as transforme. Em seguida, passo o jarro de lágrimas para meu vizinho e ele o entrega silenciosamente a Deus e passa adiante para o próximo.

Quando o jarro foi entregue a todos e Deus as recebeu, o ânimo no ambiente se transforma. De repente, há uma sensação de consolo. Um ritual como esse tem um efeito mais profundo do que palavras carregadas de religiosidade.

Na morte de uma criança

O filho de nosso antigo livreiro faleceu, aos 20 anos de idade, num acidente de carro. O pai convidou-me, a mim como também a amigos e amigas de seu filho, para contar na noite anterior ao funeral o que Dominik significava para eles, o que ele queria viver, do que eles se lembravam. O pai disse que o funeral seria a última festa de despedida para seu filho e ele queria que fosse celebrada de forma harmoniosa. Apesar da grande dor, o pai sentiu a necessidade de cantar "Deus Supremo, te louvamos" no final da cerimônia religiosa. Celebramos a Eucaristia não na grande igreja da abadia, mas na cripta. Os adultos ocuparam os bancos, enquanto os jovens se sentaram no chão. Isso criou uma atmosfera intimista. Os jovens apresentaram suas preces e tocaram a música favorita de Dominik. Eles também fizeram uma cruz de madeira que foi erguida no local do acidente.

Nem sempre a família é capaz de criar um ritual próprio para o funeral após a morte de um filho. Ela também não deve se pressionar a isso. Mais tarde, no entanto, a família às vezes encontra rituais que condizem com seu luto pelo filho. Eles colocam – de forma semelhante aos monges – uma vela no lugar do filho à mesa durante 30 dias. E acendem a vela durante as refeições. Ou eles convidam os irmãos enlutados a expressar sua tristeza, pintando ou fazendo algum trabalho manual para colocar no caixão ou jogar na sepultura.

Um padre me contou sobre um trágico acidente na fazenda. O pai estava manobrando o trator de ré e não viu o filho de quatro anos. A morte do filho encheu principalmente o pai com profundos sentimentos de culpa. A mãe, apesar de todos os esforços, continuava a ter pensamentos em que culpava o marido por não ter prestado a devida atenção. O pároco sempre realizava uma cerimônia da Eucaristia no aniversário do trágico acidente na fazenda. Ele descreveu como essa cerimônia da Eucaristia transformava, repetidamente, todos os sentimentos reprimidos de acusação e culpa, e assim integrou o filho à família. Ele não foi silenciado pela morte, mas mantido vivo como membro da família. Os pais já não pensavam nele com sentimentos de culpa, mas com gratidão pelo filho que sempre os presenteou com seu sorriso.

Na morte do pai ou da mãe

Entre os rituais comuns está a refeição fúnebre. Às vezes, essa refeição pode degringolar, especialmente quando se consome muito álcool. É possível moldar conscientemente o banquete fúnebre, convidando cada pessoa a narrar algo que lhe vem à mente sobre o falecido. Ou os filhos podem trazer uma foto do falecido e colocá-la sobre a mesa. Ou ainda, podem trazer um símbolo que era importante para o falecido ou que expressa sua essência. E antes de começar a refeição, esse símbolo pode ser explicado. Assim, o pai ou a mãe estará de alguma maneira presente na sala.

Naturalmente, faz parte do ritual dos filhos visitar e cuidar do túmulo dos pais. Ao ir semanalmente ao cemitério, ao regar as flores e arrancar as ervas daninhas, eles expressam seu amor pelos pais falecidos. Uma mulher me contou que, após a morte da mãe, não conseguia prantear porque muitas mágoas ainda enchiam seu coração de amargura. No entanto, após um ano processando o relacionamento com a mãe, ela foi ao cemitério, remodelou completamente o túmulo, colocou sobre ele uma vela e a acendeu. Isso foi um ritual de reconciliação com sua mãe. A partir desse momento, ela começou a se sentir melhor. Ela estava reconciliada com sua mãe e agora podia realmente lastimar. Ela foi capaz de deixar a mãe e, ao mesmo tempo, lembrar-se com gratidão das boas raízes que recebera dela.

Rituais para crianças

Há alguns anos, fui encarregado de ministrar um curso sobre rituais de luto para crianças. O curso foi organizado logo após um acidente em Kaprun, na Áustria, onde muitas crianças perderam a vida. Ao conversar com as educadoras e professores e ao estudar livros sobre o assunto, percebi como os rituais de luto são importantes para as crianças. Elas frequentemente se sentem sobrecarregadas com o luto. Nos rituais, as crianças são ativas: elas desenham um quadro, escrevem uma carta para o falecido ou decoram uma vela. Em seguida, elas colocam o quadro ou a carta na sepultura. Ou elas criam algo que as lembre do avô ou da avó e também o colocam no túmulo. As crianças precisam se dedicar a alguma atividade para transformar sua tristeza. Elas não podem superar o luto apenas de maneira mental ou emocional. Mas a repressão de sentimentos nelas seria problemática, pois isso poderia levá-las a mostrar o oposto, como fazer travessuras ao redor do túmulo, por exemplo. Ou elas podem se fechar emocionalmente.

Aqui está um exemplo de como uma criança, por meio de um ritual, transformou seu luto: Meu pai faleceu repentinamente numa noite de sábado durante o jantar. Meu irmão chegou com seus filhos. Sua filha de cinco anos, Johanna, gritou de dor. Ela nutria uma ótima relação com o avô. No dia seguinte, um domingo, Johanna foi até minha mãe e lhe disse: "Vovó, vou com você à igreja agora, já que você não tem mais o vovô". Ao acompanhar minha mãe em vez do avô, ela transformou sua tristeza. Seu luto encontrou vazão em seu novo comportamento. Isso lhe fez bem e foi uma bênção para minha mãe.

A criança se sente sozinha no luto. O ritual lhe proporciona conexão com a comunidade. Ela adquire um novo papel na comunidade e, assim, se sente acolhida de uma nova maneira. Os rituais de luto para crianças apresentam diferentes aspectos: existem rituais de despedida que permitem que a criança se despeça do falecido. Em seguida, há rituais de alívio, que ajudam a criança a lidar com seus sentimentos de culpa. Existem rituais de lembrança, que possibilitam à criança manter contato com o falecido. Ao brincar, por exemplo, com um objeto do falecido, elas se põem no lugar dele, elas o percebem e o experimentam como um companheiro interno. E há os rituais que ajudam diretamente a criança a processar a tristeza e a dor. Com frequência, todos esses aspectos se fazem presentes ao mesmo tempo quando a criança participa de um ritual de luto.

Participação no enterro

Gostaria de descrever alguns rituais que são úteis para as crianças. É habitual perguntar se elas devem participar do funeral de um ente querido. Muitas vezes, as crianças são mantidas afastadas do funeral. No entanto, isso priva a criança da oportunidade de se despedir do falecido. A criança deve decidir se quer participar do funeral. Se ela resistir, isso deve ser levado a sério, pois significa que a criança está se protegendo de um luto que a sobrecarregaria neste momento. Deve-se informar à criança o que ela pode esperar no funeral. Pode-se conversar com ela sobre o decurso da cerimônia e prepará-la para os rituais, explicando-os. A criança precisa de uma pessoa de suas relações durante o enterro e muitas vezes também precisa de proximidade física. Se fizer perguntas, estas devem ser respondidas imediatamente; não se deve pensar que isso atrapalharia a cerimônia.

Também é importante convidar a criança a se despedir de sua própria maneira durante o funeral. Uma criança que costumava soltar pipas com o pai levou a pipa para o funeral e a jogou sobre o caixão do pai falecido. Esse foi o seu ritual de se despedir do pai.

Um ritual de despedida traz alívio para a criança. Isso a faz sentir que pode expressar seu amor.

Outra possibilidade de expressar sua despedida na cerimônia de funeral seria pintar o caixão do pai falecido ou da mãe falecida. Ou a criança pode trazer desenhos feitos por ela mesma e jogá-los na cova. Um grupo de jardim de infância pintou 100 balões para lançá-los ao céu no funeral de Lukas, de quatro anos. Lisa escreveu uma carta de despedida para seu avô, colocou-a num envelope e a depositou no caixão.

Durante o período de luto

É importante que as crianças visitem o túmulo de uma pessoa falecida. É um importante local de lembrança. O luto precisa de um lugar onde possa se expressar. É crucial que a criança possa decorar o túmulo de acordo com sua maneira pessoal, que ela própria plante e cuide das flores, que traga objetos que sejam importantes para ela, objetos que lembrem a pessoa falecida ou com os quais a criança expressa sua fé na ressurreição. Ela pode colocar imagens da ressurreição sobre o túmulo. No entanto, se a criança não quiser ir ao cemitério, não deve ser pressionada. Ela está mostrando que seria sobrecarregada com isso.

As crianças podem colocar fotos da pessoa falecida ou pintar imagens dela e pendurá-las em seu quarto infantil. Podem enfeitar essas imagens ou criar uma moldura para elas. Velas sempre são um belo ritual de luto. Acendemos uma vela pelo falecido para orar por ele. Também é possível transmitir a ideia de que enquanto a vela estiver acesa, a oração alcança o céu. No entanto, a vela também pode simbolizar o falecido, cuja luz agora brilha no céu e desce até nós.

Dar uma configuração própria às celebrações é importante, como a comemoração do primeiro Natal sem o irmão falecido, a celebração da Páscoa, o aniversário ou o dia do onomástico do falecido. A criança pode escolher um presente de Natal para o falecido, pintar algo ou fazer uma vela em sua homenagem e acendê-la sob a árvore de Natal, como um signo de que ele também está participando da festa. Trocar lembranças e conversar sobre o falecido pode ser benéfico: "Como ele celebra a festa no céu? O que está nos faltando? O que ele sempre trazia para a festa? Como ele se alegrava?" Lembranças são compartilhadas. A criança também pode escrever e ler em voz alta um poema ou uma oração para o falecido.

Nos dias de aniversário ou do onomástico, a criança pode sair ao ar livre para colher flores e fazer um buquê para o falecido. Andar e se mover são sempre úteis para processar o próprio luto. Um bom ritual de luto também seria plantar uma árvore no jardim, talvez uma árvore-mãe, se a mãe tiver falecido. A árvore sempre manterá viva a memória da pessoa falecida. Pode-se cantar, dançar e brincar debaixo dessa árvore. As crianças também vão até a árvore para expressar sua raiva, sua dor, sua solidão. Elas têm um lugar para seu luto. Os aniversários de nascimento e de morte do falecido podem então se tornar uma celebração em torno da árvore.

Os rituais de lembrança também são importantes para as crianças. Como ritual de lembrança, o jogo é especialmente útil para elas. Elas brincam com os jogos que costumavam jogar com o falecido, agora com outras crianças, ou com o pai ou a mãe que ainda vive ao seu lado. Brincar é uma forma de manter viva a memória e, ao mesmo tempo, de se despedir. Ou as crianças brincam com os brinquedos do irmão falecido ou com objetos da avó falecida. Elas se ocupam com o objeto e criam seus próprios jogos. As crianças são criativas e, em seus jogos, dão expressão ao luto, mas ao mesmo tempo recriam a relação com a pessoa falecida. Tudo o que acontece no processo de luto dos adultos – despedida, dor, tristeza, raiva e, finalmente, uma nova conexão para que o falecido se torne um acompanhante interno – é expresso pelas crianças por meio de suas brincadeiras.

Outra possibilidade seria realizar as atividades que o falecido costumava fazer. Isso também é uma forma de internalização. O menino descobre que possui as mesmas habilidades que a avó, que ele também pode arrumar flores num vaso ou revolver o campo tão bem quanto ela. Ele assume uma parte dela e dessa maneira permanece em conexão com ela.

Rituais têm o propósito de proporcionar alívio da dor e dos sentimentos de culpa para as crianças. Elas também sofrem com sentimentos de culpa. Por isso, precisam de rituais de alívio, para que não se afundem em seus sentimentos de culpa. Presentear alguma coisa ao falecido, colocar em seu túmulo algo que lhes é querido e precioso, também serve como alívio. Isso é uma expressão de amor e as liberta do sentimento de culpa por terem brigas frequentes com o irmão agora falecido.

Lembrança cria comunidade

É bom celebrarmos dias de rememoração, nos quais nos lembramos conscientemente dos falecidos e experimentamos comunhão com eles. Um exemplo é o dia de falecimento. É uma boa prática celebrar uma missa em sua memória nesse dia. Não precisamos pedir que o falecido vá ao encontro de Deus; podemos confiar que já está junto a Ele. No entanto, a Eucaristia nos une a ele. Na celebração da morte e ressurreição de Jesus, a fronteira entre o céu e a terra, entre a vida e a morte é abolida, e podemos experimentar comunhão com os falecidos. E há o Dia de Finados, quando vamos ao cemitério e nos lembramos de todos os falecidos que conhecemos. Em nossa família, essa sempre foi uma bela celebração familiar. Depois da visita ao cemitério, nós nos reuníamos para tomar um café, compartilhar histórias e desfrutar da comunhão. Há também belos rituais que nos lembram dos falecidos. No dia de sua morte, acendemos uma vela. No Natal, colocamos uma vela acesa junto ao presépio, para mostrar que o falecido celebra o Natal conosco, ainda que de uma maneira diferente. Agora, ele celebra o mistério da encarnação de Deus, contemplando para sempre o rosto glorificado de Jesus Cristo. Nós o celebramos como crentes e não como quem contempla. Mas a contemplação do falecido pode abrir nossos olhos para percebermos algo do mistério que constitui nossa vida.

Não reter nada

Quando for tomado pela tristeza, reserve um momento para a seguinte prática:

Eu me sento num banco e dou atenção ao que estou observando. Escuto o murmúrio do vento. Sinto o sol na minha pele. Torno-me consciente do momento. Mas ao mesmo tempo, percebo: este momento não pode ser retido. Posso apenas percebê-lo se estiver disposto a soltá-lo também. O sol não pode ser retido. Ele se move. Ele se esconde atrás das nuvens e aparece novamente. O vento é diferente a cada momento. Não podemos reter nada.

Viver em tom de despedida

Sente-se em seu quarto e observe-o atentamente. Lembre-se: um dia, vou me despedir de tudo isso. Não posso levar nada comigo. Depois de mim, outras pessoas ocuparão este espaço. Mas, ao estar cônscio disso, posso perceber tudo de forma clara novamente: o que me proporciona segurança aqui? Quais foram todas as coisas que vivenciei neste espaço? O que me marcou aqui? Quem eu me tornei aqui? Quem eu sou agora?

E então, você pode imaginar que sobreviverá a tudo isso com o seu verdadeiro eu. Você chegará a Deus com o seu verdadeiro eu. E em Deus, seu eu brilhará completamente, tal como Deus o pensou. Mas faz parte do seu verdadeiro eu o fato de que você não se apega a nada, que você é completamente livre. Você pertence a Deus. E só chegará a Deus quando soltar tudo o que o prende e restringe internamente.

Talvez você possa, com essa meditação, intuir a liberdade interior, bem como o seu verdadeiro eu. E pode sentir o que significa viver em atitude de despedida, voltar a conscientemente perceber o que o aqui e agora significam para mim, ao mesmo tempo sabendo que isso desaparecerá um dia e desaguará no agora eterno, onde não se trata mais de "ter", mas apenas de "ser": ser em Deus e em todos os seres humanos, aos quais se sente conectado em Deus.

Eu percebo com gratidão o que vivencio. E, no entanto, libero cada momento novamente. Agradeço pelo que percebo, sem desejar retê-lo. Estou disposto a me despedir do que vivencio.

7

Abençoar minha vida

Sinais e símbolos sagrados

Quando conduzo um curso em nossa hospedaria, sempre convido os participantes a depositar objetos sobre o altar durante a celebração da Eucaristia conjunta, objetos que depois abençoarei. Abençoar objetos não tem nada a ver com magia. Esse ato simplesmente nos lembra que Deus também fala conosco por meio dos objetos. O próprio Jesus se chama a si mesmo de "porta" que leva à vida, ou se refere a si como o "pão" que nos alimenta. Os objetos abençoados nos lembram que Deus também nos abraça com sua bênção em nosso cotidiano. Muitas pessoas sentem necessidade de ter nas mãos um objeto sagrado em situações difíceis, como, por exemplo, uma cruz ou um anjo. Por exemplo, os doentes gostam de segurar algo nas mãos. Eles desejam ser tocados para experimentar a cura e o amor de Deus.

Outra necessidade é expressar a relação com Deus em gestos concretos. Nos gestos, nós nos experimentamos de uma nova maneira. Claro, tais sinais – como, por exemplo, molhar os dedos em água benta ao entrar numa igreja ou fazer uma genuflexão ou sinal da cruz – podem perder o sentido. Mas antes de abandoná-los por completo, é melhor tomar consciência do que eles expressam. E então eu poderia realizá-los de forma mais consciente e ter a experiência de que eles me fazem bem, que eles me moldam cada vez mais segundo minha verdadeira forma. Assim sendo, eu gostaria de descrever alguns rituais, como eram comuns no passado: vendo isso como um convite para experimentar por nós mesmos se eles nos conduzem mais profundamente no mistério de nossa condição humana e de nossa condição como cristãos.

O ritual da água benta

Na entrada de cada igreja, há uma pia de água benta. Você também pode levar água benta da igreja e despejá-la num recipiente ao lado da porta de entrada da sua casa. Então, toda vez que você voltar para casa, pode imaginar que está se purificando: de toda raiva, de conflitos e de emoções e palavras que turvam meu pensamento. Você também pode entender nitidamente o que esse ritual de fazer o sinal da cruz com a água benta realmente significa: Ele me lembra do mistério do batismo e que estou reatualizando em mim o que aconteceu no batismo: com um pouco de água benta nos dedos, eu toco minha testa. Eu limpo meu pensamento, lavo tudo o que turva minha mente. Eu toco meu ventre e limpo minha vitalidade e sexualidade, para que elas se tornem como Deus as destinou: como expressão de amor pessoal. E eu toco meus ombros esquerdo e direito com a água benta. O ombro esquerdo representa o inconsciente, o feminino e o coração. Eu limpo as imagens do meu inconsciente. E tenho confiança de que meu coração será purificado de qualquer amargura e que o amor puro fluirá nele. O lado direito representa o consciente, o masculino e a ação. Especialmente esse lado deve ser limpo para que não seja dominado e tiranizado, mas sim que ele tome a vida e a configure e lhe dê forma. Ao fazer conscientemente o sinal da cruz com a água benta, eu imagino que a imagem originária e inalterada de Deus brilha em mim, que o brilho originário de minha alma e meu corpo se ilumina.

Na postura da cruz

Fique de pé e estenda seus braços horizontalmente, assumindo a postura da cruz. Repita para si mesmo, nesta postura, as palavras de Jesus: "Quando for levantado sobre a cruz, atrairei todos a mim" (Jo 12,32). O gesto da cruz é um gesto de abraço. Na cruz, Jesus abraça todas as oposições dentro de nós e permite que seu amor flua em todas as contradições dentro de nós. Imagine que você realmente abraça o mundo inteiro nesse gesto, e que tudo o que está no mundo também está em você. Seus dedos não param onde a pele os envolve. Imagine que eles se estendem até o infinito.

Os latinistas dizem: *"Nihil humanum mihi alienum"* = "Nada humano me é estranho". Você pode imaginar: Nada cósmico me é estranho. Tudo o que vejo no mundo também está em mim: o claro e o escuro, o bem e o mal, o íntegro e o quebrado, o bem-sucedido e o fracassado, a luz e a sombra. Nesse gesto, você medita não apenas o símbolo da cruz, mas permite que ele entre em seu corpo. Você é a cruz, você é a unidade de todos os opostos. E nesse gesto você sente amplidão, liberdade, abertura e amor.

Talvez seus braços comecem a ficar cada vez mais pesados. Não é sempre fácil suportar todos os opostos dentro de si. Isso só é possível se você permitir que o amor de Jesus e o seu próprio amor fluam nessas oposições.

Então, seu gesto se tornará uma experiência da cruz: uma experiência da força curativa e unificadora da cruz e do amor com o qual Jesus nos amou na cruz até o extremo – de acordo com uma passagem do Evangelho de João (Jo 13,1).

Partir o pão

Segure um pão e observe-o. Em seguida, parta o pão de forma totalmente consciente. Somente ao partir o pão, você poderá comê-lo. Somente quando você se abre, pode se tornar alimento para os outros. Somente quando parte o pão, você pode compartilhá-lo com outras pessoas. Você só encontra outra pessoa quando se abre, quando quebra as máscaras que escondem o seu verdadeiro rosto. O ato de partir o pão nos lembra de algumas rupturas em nossa vida. Essas rupturas abriram algo dentro de você, tornando possível uma nova vida.

Em seguida, coma o pão bem devagar. Mastigue-o. Saboreie-o. Esteja completamente presente em seu sentido do paladar. Imagine como o pão foi criado, quanto esforço e amor foram necessários para cultivar o grão, colhê-lo, moê-lo e finalmente assar o pão. Ao comer o pão, você participa do amor que fluiu para a preparação desse pão. E imagine que, ao comer o pão, você está saboreando o fruto do cosmos, absorvendo o amor de Deus que permeia todo o universo. Ao comer o pão de forma lenta e consciente dessa maneira, você pode ter uma ideia do que Jesus nos oferece quando Ele próprio se dá a nós como alimento no pão eucarístico, para que Seu amor invada e transforme tudo em nós.

Marcar-se com a cruz

Um ritual que remonta ao primeiro século depois de Cristo é o sinal da cruz. Ele tem uma longa tradição cristã. Martinho Lutero ainda recomendava que todo cristão fizesse o sinal da cruz pela manhã. Fazer o sinal da cruz é uma forma concreta de experimentar o mistério da cruz e da redenção em si mesmo. Gostaria de convidá-lo para o ritual do sinal da cruz.

Faça-o como se nunca o tivesse feito antes: Fique de pé com a coluna reta. Com a mão direita, toque a testa e imagine o amor de Jesus, que triunfou sobre todo mal na cruz, fluindo para o seu pensamento. Em seguida, leve a mão até a parte inferior do abdômen. O amor de Jesus quer fluir para a sua vitalidade e sexualidade, transformando-as. Depois, toque o ombro esquerdo com a mão. Ele representa o inconsciente. Imagine que o amor de Jesus flui até os abismos do seu inconsciente e transforma todo o caos interno. Você não precisa mais ter medo de nada em você mesmo. Pois tudo –

incluindo o inconsciente – está impregnado com o amor de Jesus. Então, ponha a mão sobre o ombro direito e permita que o amor de Jesus flua para as suas ações e palavras. Ao realizar este ritual lentamente, você começará o dia de maneira diferente. Você se sentirá protegido por Cristo e, ao mesmo tempo, impregnado de seu espírito e seu amor.

Ajoelhar-se

Ponha-se de pé diante de Deus. Sinta como seus pés o sustentam. Imagine-se como uma árvore que estende sua copa em direção ao céu. Em seguida, ajoelhe-se lentamente. Observe o que muda em você nesse momento. Como você se sente ao ficar de joelhos? Permaneça de joelhos perante a Deus por um tempo. Estenda suas mãos para Ele em forma de concha. Sinta sua própria carência e sua impotência em se ajudar ou mudar a si mesmo. E então, estenda suas mãos a Deus para que Ele as preencha com Seu amor e com todas as dádivas que Ele já lhe concedeu em sua vida. Em seguida, junte suas mãos e incline sua cabeça até o chão. Essa é a postura de adoração.

E imagine: eu me esqueço de mim mesmo. Estou simplesmente diante de Deus. Eu me ajoelho perante a Deus, que criou o mundo inteiro. Não preciso fazer nada, nem mesmo rezar. Estou simplesmente diante dele, de joelhos.

Talvez você perceba que está completamente presente e livre nesse momento. Você está simplesmente ali, não precisa realizar nada. Quando simplesmente sou, eu sinto uma profunda tranquilidade e paz interior.

Adoração

O verdadeiro gesto de adoração é a *prostratio*, o prostrar-se. Eu me deito com o rosto voltado para o chão. Eu gostaria de convidá-lo a realizar esse gesto. Deite-se no chão, seja em seu quarto, no campo ou até mesmo na praia. Coloque a testa sobre as mãos, que estão juntas sob a cabeça. Então, imagine: eu me prostro diante de Deus; não quero apenas pensar sobre Ele; confesso sua infinita grandeza e bondade. Nesse gesto, expresso o desejo do meu corpo de unir-se completamente a Deus. Quando você simplesmente se entrega a esse gesto, talvez experimente o oposto do humilhar-se: você percebe que está protegido e amparado. Você pode simplesmente se deixar cair e ser carregado. Você encontra tranquilidade. Suas preocupações podem ser liberadas na expiração, fluindo para o chão. E, de igual modo, os diversos pensamentos que surgem também podem fluir para o chão. Aproveite esse gesto. Não é apenas o gesto de adoração, mas também o gesto de simplesmente ser, sem a necessidade de se defender, se justificar ou se forçar a alguma coisa. Talvez você perceba algo do efeito libertador e acolhedor desse gesto.

A postura da Orante

Fique de pé e erga suas mãos, da maneira como você vê a representação na arte das catacumbas: forme com suas mãos uma grande taça aberta em direção ao céu. A Igreja primitiva chama essa postura de "postura da Orante". *Orare* (em latim) significa "orar". Portanto, é a verdadeira postura da oração. Nessa posição, você pode imaginar que o céu se abre sobre você e que você abre o céu sobre todas as pessoas que vêm à sua mente nessa hora. Talvez o céu esteja encoberto sobre essa ou aquela pessoa, cheio de nuvens escuras que não deixam passar nenhum raio de luz. Então, você pode imaginar: o céu se abre sobre essa pessoa. Ela sente no meio de sua estreiteza a amplitude, no meio do vazio a plenitude, no meio da escuridão a luz.

Ao realizar esse ritual pela manhã, você também pode imaginar que está abrindo o céu para as pessoas que encontrar, para que a vida delas se torne mais luminosa, ampla e livre.

Você também pode fazer esse ritual quando estiver na natureza, sozinho em seu jardim, por exemplo. Fique algum tempo nessa postura e sinta a vastidão do céu dentro de você e na criação que o rodeia. Na criação, Deus o abraça. E você sente que na criação Deus o envolve com seu amor, que flui para você de todas as coisas.

Sentado como em um trono

Em nosso cotidiano, praticamos cada vez mais atividades em que permanecemos sentados. Associamos essa posição com imobilidade. Quando nos sentamos dentro de uma igreja, podemos nos aproximar do mistério de permanecer sentados. Jesus nos promete que nos sentaremos em tronos como Ele. Então, sente-se dentro de uma igreja ou em algum banco ao ar livre e tente ficar completamente ereto, como se estivesse sobre um trono. Assim, você perceberá algo sobre sua dignidade e liberdade. Como um rei, você permanece sentado no trono. Você não é dominado por suas necessidades ou pelas expectativas de outras pessoas; você é livre e sente sua dignidade. Jesus quer mostrar com esse gesto que você é um rei ou uma rainha, que possui uma dignidade divina. Permaneça mais tempo nessa postura sentada ereta e imagine o que significa ser uma pessoa régia e livre, com uma dignidade inabalável.

Meu anel

Olhe para o anel que você usa no dedo. Ele é redondo, um círculo. Ele arredonda tudo o que é anguloso em você. Ele mantém unido o que é quebradiço e cria unidade no meio deste mundo onde tudo se desintegra. Ele une o que está separado. Ele não tem começo nem fim e, desse modo, representa a infinitude, a eternidade. No interior do círculo, as pessoas costumavam encontrar proteção contra perigos externos e demônios. Imagine que o círculo do seu anel o protege de tudo o que ameaça sua vida. Quando você imagina o círculo dentro de si, você entra em contato com seu verdadeiro eu, que une tudo o que se desintegra em você. Seu âmago mais profundo é como um círculo, sem começo nem fim. Ali você descobre algo que está além do tempo, algo redondo e perfeito no meio de sua fragilidade.

Pegar um anjo pela mão

Quando você se sentir sozinho, ou quando estiver passando por grande aflição interna e estiver perdido dentro de si mesmo, pegue um pequeno anjo pela mão, como os que são oferecidos hoje por diferentes meios. Segure o anjo em suas mãos e imagine: eu não estou sozinho. Um anjo está me acompanhando. O próprio Deus não me deixa só. Ele envia seu anjo para mim. O anjo que ele me envia pode ser um impulso interior. Mas também pode ser a força curativa que Deus colocou em minha alma. Especialmente quando você estiver doente, pode imaginar que Deus, por meio do anjo que você está segurando, entra em contato com as forças curativas de sua alma. Você pode imaginar que as forças curativas de sua alma fluem para as áreas do seu corpo ou da sua alma que estão doentes, e superam e curam tudo o que está enfermo. Segure o anjo em suas mãos quando o medo dentro de você estiver ficando mais forte. Você sentirá que, em meio ao medo, pode se agarrar ao anjo. Isso relativiza o medo. Você não está à mercê do medo. Você tem o anjo em que pode se segurar e que lhe dá suporte.

O pingente abençoado – a medalha abençoada – a chave abençoada

Peça a um padre que abençoe seu pingente, medalha ou chave; ou você mesmo pode os abençoar. E então imagine: meu pingente me lembra que o próprio Deus está ligado a mim, que Ele está andando comigo em todos os caminhos, que Ele me protege e que nunca estou sozinho. Quando você olhar para sua medalha, tenha confiança de que Deus está com você. E lembre-se: na imagem da medalha, Deus quer lhe dizer algo. A imagem de Deus quer se manifestar em você e libertá-lo das imagens negativas que você muitas vezes carrega em seu interior. Quando você olhar para a imagem, imagine que Deus está olhando amorosamente para você. Deus lhe concede consideração.

Olhe para sua chave. Ela não apenas abre a porta da sua casa ou do seu carro. Tenha confiança de que Deus protege e guarda a sua casa e que Ele o acompanha em suas viagens de carro, levando-o em segurança ao seu destino. E então medite sobre a chave, que também pode abrir a porta para o seu próprio coração. Ela é a promessa de que você não se alienará de seu próprio coração e apenas vagueará pelo mundo exterior. A chave lembra que seu coração está aberto para você mesmo, que você sente amor nele, mas também que você abre o seu coração para as pessoas que encontra e para Deus, que deseja preencher seu coração de amor. E peça a Deus que a chave lhe possibilite desbloquear o coração das pessoas e a conectá-las com a vida que muitas vezes dormita dentro delas, mas ainda não despertou.

8

Celebrar o mistério da vida

O poder de cura das festas

A Igreja adotou o ritmo das estações do ano na configuração do calendário litúrgico, e "batizou", por assim dizer, as antigas festas pagãs nos períodos de transição, preenchendo-as com novo significado. As principais festas em que os cristãos celebram o acontecimento da salvação estão conectadas às estações do ano. No Hemisfério Norte, o Natal, no dia mais sombrio do ano, retoma a festa romana do *sol invictus*, o "invencível deus Sol", para proclamar que em Cristo nasce o verdadeiro sol que afugenta nossas trevas. No início da primavera, celebramos a Páscoa como a festa da ressurreição. A vida vence a morte. No início do verão, a festa de São João Batista aponta para Cristo. O Batista declara que ele deve diminuir para que Cristo possa crescer. Trata-se de um crescimento interno, que o verão nos mostra externamente. E a Igreja celebra o início do outono com o dia da festa da colheita.

Por meio de rituais pessoais e rituais na família, as festas da Igreja podem ser fecundas para a vida de cada um. Desde os primeiros séculos, sempre houve uma necessidade do povo de traduzir para a vida as festas do Ano Litúrgico mediante rituais pessoais. Desenvolveu-se uma rica tradição que muitas vezes também adotou antigos costumes pagãos, mas os batizou de maneira cristã. Seria muito extenso descrever tudo isso. Eu me limito a alguns rituais que podemos realizar pessoalmente ao longo de um ano, para que possamos vivenciar: É um ano abençoado, em que nossas feridas se curam e entramos em contato com a salvação que nos foi revelada em Jesus Cristo.

Abençoando a Coroa do Advento

Em muitas famílias, os rituais durante o período do Advento ainda são comuns e esperados. No entanto, muitas famílias também se sentem perdidas a respeito das maneiras de celebrar conscientemente o Advento. Muitas pessoas ainda têm a sensação de que o Tempo do Advento é um tempo especial para elas, um momento tranquilo em que entram em contato com todos os seus anseios, com o anseio por amor e segurança, com o anseio pela vinda de Jesus Cristo, que dá a suas vidas uma nova profundidade e clareza. Ao mesmo tempo, elas sofrem com o fato de que esse período está se tornando cada vez mais agitado. E, muitas vezes, elas não ousam celebrar na família os antigos rituais que costumavam fazer na infância. Elas têm medo de que os filhos ou o cônjuge possam rejeitar os rituais ou até mesmo ridicularizá-los. Por isso, antes do início do Advento é bom conversar em família sobre como você gostaria de celebrar o Advento e o Natal. A discussão sobre os rituais logo se tornaria uma conversa sobre os relacionamentos na família. Será que, afinal, ainda queremos celebrar algo juntos? Ou cada um segue o seu caminho? Ainda somos sustentados pelo que o Advento e o Natal nos indicam? Diga o motivo pelo qual os rituais são importantes para você e o que eles significam para você. É preciso coragem para expor isso, pois você estará expressando sentimentos e se tornando vulnerável. Mas, ao mesmo tempo, é um convite à família para refletir sobre o fundamento que a sustenta.

Convide a família para começar o período do Advento formando um círculo ao redor da Coroa do Advento. Diga o que ela significa para você. E então a abençoe ela antes de acender a primeira vela. Nas palavras de bênção, expressamos o que a Coroa do Advento quer nos dizer.

A coroa lembra uma coroa de vitória. Acreditamos que nossa vida será bem-sucedida quando esperarmos a vinda de Cristo e deixarmos Cristo entrar em nossa casa, quando Ele bater à nossa porta. E, na Coroa do Advento, expressamos nossa esperança de que Deus reunirá e tornará completo tudo o que é quebradiço ou frágil em nós.

A coroa deve fortalecer nossa esperança de que ninguém na família fracassará, e que no próximo ano nossa vida será bem-sucedida. E pedimos a Deus que arredonde tudo o que se tornou angular e duro em nós durante o último ano. A coroa também reforça o círculo das pessoas que se sentam em torno dela. Assim, ela expressa o desejo de que a família permaneça coesa e que ninguém saia do círculo de sua comunidade. Acenda a primeira vela com cuidado e diga as seguintes palavras: "Que a luz de Jesus Cristo possa penetrar cada vez mais profundamente em nós durante este período do Advento e iluminar todas as áreas de nossa vida. Que ela expulse toda a escuridão de nosso coração e de nossa casa e encha nossa casa com amor".

É bom celebrar um pequeno ritual diante da Coroa do Advento antes de cada domingo de Advento, seja sozinho ou, o que seria melhor, em família. Durante esse momento, podemos ler um trecho da liturgia dominical e deixar as palavras penetrarem em nós. As promessas dos profetas, lidas durante o Tempo do Advento, nos mostram que Deus também transformará e renovará nossa vida. Se for possível, podemos cantar juntos um cântico de Advento. Quando estou sozinho, gosto de ouvir uma das cantatas de Advento de Johann Sebastian Bach ou a parte sobre o Advento do *Messias*, de Händel.

Se a família for musical, todos podem ouvir juntos uma cantata ou tocar alguma música de Advento. Isso tornará a antecipação do Natal ainda mais profunda. Vida que desabrocha: Ramos de Santa Bárbara.

Já na época pré-cristã, existia o costume de colocar ramos de cerejeira num vaso antes do solstício de inverno, para que eles florescessem no dia 24 de dezembro, o dia mais escuro do ano. Os ramos de cerejeira eram considerados ramos do amor. Quando o sol se escurece e lá fora chega o frio, o amor deve iluminar e aquecer o coração. Os cristãos adotaram esse costume e o associaram à festa de Santa Bárbara. Santa Bárbara faz parte dos Quatorze Santos Auxiliares. Segundo a lenda, ela é estrangeira. Podemos entendê-la como aquela que vem até nós de outro mundo, do mundo divino. Ela é representada por uma torre, uma imagem de totalidade. Santa Bárbara é retratada com um manto verde sacerdotal. Ela é a mulher sacerdotal que leva a comunhão à prisão. A lenda conta que ela foi espancada com varas. Mas os anjos curaram suas feridas e, no dia seguinte, ela brilhava com uma beleza ainda maior. Por isso, Bárbara representa a esperança de que nossas feridas serão transformadas em pérolas.

Pegue ramos do seu jardim, que podem ser de cerejeira ou de forsítia, e leve-os para seu quarto aquecido. Faça isso de maneira consciente e atenta. Imagine que, com esses galhos nus, você expressa uma grande esperança para si mesmo: que as coisas novas, presenteadas por Deus no Natal, mas que você ainda não vê dentro de si, realmente florescerão em você. Veja os galhos como uma imagem de que suas feridas também serão transformadas em pérolas e que a luz de Jesus Cristo, que Bárbara levou à prisão, também abrirá e preencherá com amor a prisão de seus medos e limitações. Que o amor de Cristo, para o qual esses galhos apontam, torne-se mais forte do que qualquer coisa que nos persiga exterior ou interiormente.

Com este ritual, os cristãos expressam sua fé de que Cristo também ilumina suas casas e revive o que está morto e estagnado, dando-lhe nova vida. Precisamos de rituais sensíveis como esse para nos lembrar diariamente de nossa esperança. A visão dos ramos de Santa Bárbara é um lembrete disso: que em nós também o amor é mais forte do que o frio e que a luz será mais brilhante do que a escuridão.

Advento – tocado pelo anseio

Coloque-se diante da Coroa do Advento, acenda a vela. Coloque ambas as mãos no centro do seu peito, uma sobre a outra. Então feche os olhos e observe quais sentimentos surgem em você. Em seguida, vá ao fundo desses sentimentos e descubra em cada um deles o anseio ali contido. No ciúme, há o anseio por amor; na inveja, o desejo por gratidão e paz interior; na raiva, o desejo por clareza e liberdade; e na decepção, o anseio por plenitude. E, em seus sentimentos de culpa, você sente o desejo por pureza e sinceridade. Sinta sob suas mãos, que criam um calor no centro do seu peito, o anseio que está em você. E diga a si mesmo: Em meu anseio já existe aquilo pelo que anseio. Em meu desejo, Deus me toca. Em meu anseio pela chegada de Deus em meu coração, já há um vislumbre do verdadeiro nascimento de Deus em Jesus Cristo. Então pressinto que Cristo também nascerá em meu coração. Mantenha suas mãos sobre seu peito por um longo tempo e aproveite o calor que isso provoca. Talvez você se sinta em casa junto a si mesmo, pois em você reside o mistério de Deus e de seu amor encarnado.

As velas na Coroa do Advento

Durante o período do Advento, realize como ritual a meditação das velas na Coroa do Advento. Na primeira semana, medite sobre a primeira vela. Ela representa o anseio por unidade e integração. Imagine que você está em total harmonia consigo mesmo, que toda a divisão interna cessa e você é uno com você mesmo e, ao mesmo tempo, com tudo o que existe. Na segunda semana, medite sobre as duas velas. Elas representam a polaridade em você e ao seu redor. Deixe a luz das duas velas brilhar nos opostos de sua própria alma: em suas forças e fraquezas, no que é saudável e no que é doente em você, no que é inteiro e no que é quebrado, no vivido e no não vivido. E imagine que a luz das duas velas ilumina os opostos em sua família e que vocês iluminam um ao outro precisamente por causa de suas diferenças. Na terceira semana de Advento, deixe a luz das três velas brilhar em todas as áreas do seu corpo, alma e espírito, para que todo o seu estado humano seja iluminado. E na quarta semana, imagine que as quatro velas iluminam o seu cotidiano: seu trabalho, convivência familiar, atividades e hábitos diários. Imagine que Cristo, como luz, está entrando em seu cotidiano. Jesus trabalhou como carpinteiro por anos, realizando um trabalho completamente corriqueiro e, assim, iluminou o cotidiano com sua presença. Ele também deseja banhar o seu cotidiano numa nova luz.

O nascimento de Deus no silêncio

Reserve alguns momentos durante o Advento e o período do Natal para simplesmente ficar sentado em silêncio. Direcione sua consciência para o interior. Observe os pensamentos e sentimentos que surgem em você. Mas não julgue os sentimentos. Em vez disso, vá cada vez mais fundo neles, até chegar ao espaço além de todos os sentimentos e pensamentos. Pergunte a si mesmo: O que estou percebendo aqui? É apenas vazio? Ou tenho uma sensação de que no fundo da minha alma há algo precioso e misterioso?

Imagine que você está tocando o seu verdadeiro eu no fundo de sua alma. Você não pode descrever mais esse eu verdadeiro. E aqui, nesse verdadeiro, original e autêntico eu, é onde Deus nasce em você. O nascimento de Deus no fundo da sua alma o conecta com esse verdadeiro eu. Você não possui esse eu, ele é um presente para você quando você se aprofunda no silêncio do seu fundamento mais íntimo. Lá, além de todas as palavras e imagens, o Natal acontece em você. Ali nasce a criança, que o renova, que o liberta de toda pressão de precisar se mostrar. Ali você é simplesmente como a criança deitada na manjedoura, sorrindo.

Sob a árvore de Natal: véspera de Natal

Em nossa família, sempre vivíamos um ritual emocionante quando todos nós ficávamos de pé em frente da árvore de Natal, cujas velas acesas banhavam a sala de estar com uma luz cálida. Meu pai lia a história do Natal do Evangelho de Lucas. Em seguida, cantávamos juntos "Noite Feliz". É um ritual simples, mas ele confere ao Natal uma atmosfera especial. Aqueles que celebram esta noite sem rituais logo perceberão que apenas a reunião e o ato de comer juntos se tornam vazios. Justamente nesta noite, precisamos de rituais para realmente poder celebrar o Natal. Uma mulher aristocrata me contou que, em sua família, celebram-se rituais que são comuns há vários séculos. Isso não é nostalgia. Desse modo, a família exprime que compartilha a força de fé e a vitalidade das gerações passadas. Ela sente, nesses rituais, as raízes profundas das quais vive. Ela compartilha a fé que capacitou sua avó e seu bisavô a enfrentar a vida em tempos difíceis. No entanto, os rituais precisam ser preenchidos com significados sempre novos, e precisam ser realizados com delicadeza.

Só assim eles serão coerentes para nós e nos farão participar do anseio que as pessoas têm vinculado ao Natal desde sempre: o anseio por paz, amor, segurança, um novo começo, e pela proximidade do Deus que cura. Reflita e pense em quais rituais eram comuns em sua família. Tente dar a esses antigos rituais um novo sentido.

Ou pense em qual ritual se harmoniza com você.

Se neste ano uma pessoa querida faleceu e você sente falta dela no Natal, acenda uma vela junto ao presépio e imagine que ela agora está no céu, contemplando o mistério da encarnação enquanto nós o celebramos aqui na fé. Isso pode lhe revelar uma nova percepção do significado do Natal.

Na casa do teólogo Dietrich Bonhoeffer, era um belo ritual apanhar um galho da árvore de Natal e colocá-lo no túmulo da família. Que Cristo, que nasceu para que não morrêssemos para sempre, possa também conceder vida eterna, imperecível aos falecidos.

Pense com certa antecedência em como você deseja celebrar a véspera de Natal. E se houver diferentes ideias sobre isso em sua família, converse sobre isso também com antecedência. A conversa sobre os rituais não será apenas sobre as formas exteriores, mas, em última instância, sobre nossos relacionamentos: podemos e queremos ainda celebrar uma festa como o Natal juntos? Ou devemos admitir que nos afastamos tanto uns dos outros que uma celebração conjunta já não é possível?

Antes de admitirmos isso, devemos pensar em tudo o que ainda nos sustenta e como podemos expressar isso no Natal.

Abençoar o Ano Novo

O final do ano e o início de um novo ano nunca deixaram de exercer uma fascinação especial nas pessoas. É uma necessidade encerrar bem o ano que passou e começar o novo com a bênção de Deus. Em nossa família, sempre passamos a véspera de Ano Novo com nossos parentes e amigos. Era costume realizar uma ceia festiva. Meu pai fazia um discurso todos os anos, no qual revisava o ano que havia passado e agradecia a Deus por tudo o que aconteceu durante o ano. Por fim, ele pedia a bênção de Deus para o ano que estava por vir. Então, sempre brindávamos o início do ano com uma taça de champanhe.

Como monge, ministrei durante 20 anos um curso sobre a véspera de Ano Novo com jovens. Nestes cursos, nós nos ocupávamos minuciosamente com o ato de deixar para trás o ano que passara e adentrar o novo ano. Na noite de Réveillon, realizávamos um longo serviço religioso que começava às 21h e frequentemente durava até as 2h ou mesmo até as 3h da manhã. Rezando, em silêncio e celebrando, fazíamos a transição de um ano para o outro. À meia-noite, nós nos sentávamos na escura igreja do mosteiro, iluminada apenas por velas. Em silêncio, vivenciávamos o escoar do tempo antigo e a aproximação do novo tempo não consumido. Silenciosamente, podíamos deixar para trás as coisas velhas e saudar as novas. A primeira palavra que falávamos uns com os outros era o Pai-nosso. Formávamos um grande círculo ao redor do altar, juntávamos as mãos e recitávamos em meio ao silêncio as palavras que Jesus nos ensinou a orar. Elas adquiriam um significado completamente novo naquele momento. Atualmente, muitas igrejas oferecem momentos de silêncio. Pessoas passam o momento da virada do ano em consciente silêncio na igreja, talvez com a introdução de uma música de órgão meditativa, mas também com orações. E encerram esse período de reflexão com uma bênção para o novo ano.

Confiar no começo

Pegue o seu calendário do novo ano e ponha suas mãos sobre ele para abençoá-lo. Numa oração pessoal, peça a Deus que abençoe tudo o que acontecer nos 365 dias do novo ano, que transforme em bênção tudo o que você empreender, que abençoe as pessoas com quem você se encontrar, que a sua bênção repouse sobre as conversas que você conduzir. Que a bênção de Deus envolva as pessoas próximas a você como um manto protetor. Que a bênção divina proteja as pessoas de doenças, infortúnios e danos causados por erros próprios. O que lhe vem à cabeça quando você pensa no novo ano, em cada um dos meses? O que você já planejou e o que ainda é incerto? Imagine que, por meio de suas mãos, a bênção de Deus flui para todo o ano, para cada dia individual. Comece cada dia com a confiança de que você está adentrando um dia abençoado, de uma semana abençoada, de um mês abençoado.

Deixar o passado ir, sentir a nova vida.

Antônio, o primeiro a ir para o deserto, disse a um monge que lhe pediu conselho: "Não te arrependas de nada que passou". Muitas pessoas não conseguem começar o novo ano bem, porque ainda estão muito presas ao passado, aos erros que cometeram, aos conflitos antigos. Pratique com um ritual o que Antônio quis dizer:

Sente-se, feche os olhos e concentre-se apenas em sua respiração. Sinta como, ao inspirar, uma nova vida entra em você. E imagine que, ao expirar, o passado – erros passados, sucessos, conversas, conflitos, palavras de reconhecimento – flui para fora de você. Você deixa o passado ir. Então, você voltará a estar aberto para o novo que deseja entrar em você na próxima inspiração. Pratique isso por 15 minutos. Então talvez você consiga vislumbrar o mistério do novo. Para nós cristãos, o novo é, em última análise, o Espírito Santo, que renova todas as coisas. O Espírito Santo quer renová-lo e ajudá-lo a realmente deixar o passado para trás, ajudá-lo a não se culpar pelas coisas que deram errado, mas também a não ficar preso em autoelogios e vanglórias sobre seus êxitos. Deixe o passado ir para que o novo e intocado do Espírito divino flua para dentro de você e o renove.

Abençoar a casa: epifania

Quando éramos crianças, sempre aguardávamos com alegria a bênção da casa no dia da Festa da Epifania (Dia de Reis). Meu pai escrevia o ano na porta da casa e as três letras C + B + M. Pensávamos que eram os nomes dos três reis: Gaspar, Melquior e Baltazar. Mas na verdade, significava "*Christus mansionem benedicat*", "Cristo, abençoa esta casa". Em seguida, andávamos pelos cômodos da casa com o incensário e espalhávamos o aroma do incenso por todos os lugares. Esse costume remonta a rituais pagãos, mas ainda tem seu significado nos dias de hoje. Não precisamos expulsar forças demoníacas como os pagãos faziam, mas nossa casa muitas vezes está cheia de emoções negativas. Os conflitos do ano que se passou se fixaram nos cômodos. Sentimentos reprimidos, feridas ignoradas, não apenas afetaram a alma, mas também contaminaram os ambientes. Ao aspergirmos água benta nos cômodos e encher os espaços com o aroma do incenso, purificamos todas as impurezas. Voltamos a preencher os cômodos com o espírito de Jesus Cristo, para que possamos verdadeiramente nos sentir em casa em nosso lar. Conscientemente permitimos que esse espírito entre, para experimentarmos um sentido de lar, sabendo que Deus, o mistério, habita em nossa casa.

Pense em qual forma de bênção da casa é útil para você. A bênção tradicional começa na porta de entrada. Na porta, escreva com giz o ano e as palavras de bênção C + B + M. Em seguida, percorra os cômodos da casa. Faça uma pausa rápida em cada ambiente e reflita sobre o que cada cômodo significa para você. Então, ao utilizar a água benta e o incenso, pronuncie palavras de bênção para abençoar esse ambiente. Palavras positivas e curadoras terão efeito e dissiparão todas as palavras negativas que foram ditas lá no ano passado. A sala de estar precisa de palavras diferentes da sala de trabalho, a cozinha precisa de palavras diferentes do quarto. Através da bênção da casa, você se tornará consciente do significado de cada cômodo. No próximo ano, você os vivenciará de maneira diferente, lembrando-se repetidamente das palavras de bênção que foram proferidas em cada um desses ambientes.

Vocês podem encerrar a bênção conjunta da casa com uma refeição festiva. É uma refeição como Jesus frequentemente realizava com seus discípulos: uma refeição de alegria e gratidão. Como família, vocês têm um lar onde se sentem protegidos e onde o próprio Deus habita no meio de vocês. Isso é motivo suficiente para se alegrar, ser grato e celebrar conscientemente.

Levar velas para casa: Festa das candeias

O período natalino se encerra com a festa de Nossa Senhora das Candeias, em 2 de fevereiro. Na liturgia atual, é chamada de "Festa da Apresentação do Senhor". Na agricultura, costumava ser um festival importante, pois nesse dia os servos da lavoura e as criadas começavam seus trabalhos. Na Igreja Oriental, é conhecida como a Festa do Encontro. Simeão e Ana encontram Maria e José com seu filho no Templo.

Simeão toma o menino em seus braços e canta a luz que brilhou nessa criança para o nosso mundo.

Para mim, uma parte do ritual deste dia é ouvir a Cantata *Ich habe genug*, de Johann Sebastian Bach, cantada por Dietrich Fischer-Dieskau e regida por Karl Richter. Nessa cantata de Bach, ouvimos o Simeão bíblico, que viu a salvação na criança e agora pode partir em paz. Com essa bela música o período natalino se encerra para mim. Ela me convida a acolher Cristo em meu coração e caminhar com Ele através dos dias do ano.

Nesse dia, no início da celebração da Eucaristia, as velas são consagradas e acesas. Entramos com elas na igreja escura e depois as levamos para casa ao final da celebração. Se for possível, participe da missa neste dia e leve a vela abençoada para sua casa. Caso não seja possível, acenda conscientemente uma vela em sua casa neste dia. Talvez você tenha em casa uma imagem ou estátua de Maria. Em seguida, ponha a vela acesa diante da imagem de Maria, que é uma imagem de nós mesmos. Assim como Maria, devemos trazer a luz de Jesus Cristo para este mundo. Através de você, este mundo pode se tornar mais brilhante e humano. Acredite que você mesmo carrega a luz em si e é luz. A vela quer lhe mostrar quem você é profundamente: uma luz que ilumina o coração das pessoas.

Abençoe a vela que você acende em sua casa. Abençoar significa dizer palavras que exprimem a essência da vela. Você pode fazer isso com as seguintes palavras: "Deus bom e misericordioso, abençoa esta vela que acendemos no Dia da Apresentação do Senhor. Que sua luz possa trazer a luz de Jesus Cristo para o nosso mundo e para o nosso cotidiano, para que sejamos rodeados e abençoados por tua luz em nossas atividades cotidianas. Tua luz, que brilhou no nascimento de Jesus Cristo, possa iluminar a nossa escuridão. Que ela traga luz ao nosso trabalho, para que o mundo se torne mais brilhante por meio dele. E nos permita sentir o calor do teu amor nessa luz, para que possamos levar o teu amor a este mundo em todas as nossas ações e palavras. Que esta vela brilhe e aqueça o frio de nosso coração e de nosso mundo, por Cristo nosso Senhor. Amém."

Um ritual de luz

Sente-se silenciosamente diante de uma vela e acenda-a lentamente.

Com este simples ritual, procure perceber que a luz de Deus brilha sobre a sua vida e lhe promete que sua vida será bem-sucedida.

Evidentemente, você sabe que o sucesso da sua vida não depende de acender velas. Mas ao acender a luz com atenção plena, você expressa que sua vida está sob a promessa de Deus: "Farei em ti o que prometi".

Olhe para a luz e permita que essa luz penetre em todos os abismos da sua alma.

Olhe para as áreas fechadas, onde o reprimido e o suprimido estão escondidos.

Olhe para a escuridão do seu luto, para o seu medo, para as suas dúvidas, para a sua incerteza, para o seu vazio.

Imagine que tudo dentro de você está sendo iluminado por essa luz quente e suave da vela. Na luz, o amor de Deus penetra em você.

Ele não o julga. Ele lhe comunica: Tudo dentro de você pode existir. Mas tudo também pode ser transformado pela luz e pelo amor.

Neste ritual, não se trata de pensar muito.

Deixe a luz simplesmente entrar em você.

Talvez você também sinta que seu coração está aquecendo, que o amor está fluindo em você e lhe comunicando: tudo está bem.

Talvez surjam anseios, necessidades ou aspectos não vividos em você. Isso às vezes pode ser doloroso.

No entanto, é bom quando a luz da vela o conecta com seus anseios. Ela lhe mostra que sua vida não é tão restrita e vazia como você às vezes sente. Dentro de você, o Ser é luz. Ela deseja iluminar, curar tudo em você, preenchê-lo com amor e esperança.

Tempo de Quaresma: desentulhar

A Quaresma é um período de prática da liberdade interior. Isso pode começar com a alimentação, quando conscientemente renunciamos ao álcool ou à carne. Isso pode se relacionar com a forma como lidamos com o tempo, com nossa agenda. Poderíamos revisar conscientemente nossa agenda durante a Quaresma e considerar onde podemos fazer cortes. Certamente, encontraremos muitos compromissos que impusemos a nós mesmos.

A Quaresma é como uma espécie de limpeza de primavera para o corpo e a alma. O corpo é purificado pelo jejum, e a alma, pela maior quantidade de tempo e silêncio.

Mas a limpeza de primavera também pode se estender à nossa moradia. Em nossa abadia, temos uma tarde em que cada um de nós busca se livrar de coisas supérfluas em sua cela monástica.

São Bento recomenda aos monges que, no início da Quaresma, estabeleçamos um plano de treinamento, definindo o que queremos praticar durante essas sete semanas: onde orar mais, falar menos, meditar mais intensamente e lidar mais atentamente com os outros.

Pense sobre o que pretende fazer nesta Quaresma. E elabore um programa. O objetivo da Quaresma é praticar a atitude de liberdade interior. No entanto, o caminho até lá passa por rituais sólidos.

Desentulhe seu tempo

Revise os compromissos que você se propôs.

Reflita sobre como pode desentulhar seu tempo e onde deseja introduzir conscientemente rituais nos quais você se conecta consigo mesmo, nos quais se retira da rotina cotidiana e mergulha no mundo do silêncio, no mundo de Deus.

Qual ritual você deseja usar para começar o dia no período da Quaresma? Qual ritual você deseja usar para encerrá-lo?

Quando você vai reservar tempo para o silêncio, a meditação, a leitura?

Desentulhe sua casa

Devemos nos purificar de tudo o que turva nosso pensamento durante a Quaresma. Isso inclui também nossa casa. Às vezes, ela não nos deixa mais respirar. Você sentirá que o desentulho o liberta.

Caminhe conscientemente por seus cômodos. Observe com atenção onde sua casa está muito cheia de coisas. Onde esse excesso circundante o está sufocando? Pense: o que você poderia doar? O que você precisaria descartar?

Simplifique suas refeições durante a Quaresma.

Estabeleça rituais para o seu café da manhã, almoço e jantar. Como você deseja configurar o tempo em que faz suas refeições?

O ritual de uma refeição simples, mas que você desfruta consciente e lentamente, será benéfico para você e proporcionará uma nova sensação de apreciação de uma refeição festiva que o aguarda na Páscoa.

Quaresma: Ritual do chá

Hoje em dia, cada vez mais pessoas voltam a praticar o jejum que a Igreja costumava prescrever rigorosamente para o período pré-pascal e pré-natalino. A medicina redescobriu o jejum terapêutico. Se você se sente capaz disso, seria bom jejuar por uma semana e tomar apenas água, chá e caldo de legumes.

Uma semana de jejum assim requer seus próprios rituais. Eles contribuem para que eu realize o jejum de maneira consciente e não apenas como um meio para perder alguns quilos extras.

O início do jejum é marcado por um ritual de limpeza. O intestino deve ser purificado, seja por meio de frutas, suco de chucrute, sal de Glauber ou por um enema.

Em seguida, vem o ritual do próprio jejum. Eu me abstenho de todos os alimentos sólidos e tomo somente pelo menos três litros de água, chá ou caldo de legumes por dia.

O fim do jejum também é realizado por meio de um ritual definido. Eu quebro o jejum comendo lentamente uma maçã ou mastigando devagar um pedaço de pão seco.

Existem muitas maneiras de praticar o jejum durante a Quaresma. Você pode, por exemplo, escolher a sexta-feira como dia de jejum, um dia em que você só comerá frutas e tomará chá. Outros substituem a refeição noturna por um chá.

Não importa qual forma é mais adequada para você, transforme o ato de tomar chá num ritual.

Não tome o chá de maneira apressada. Prepare-o com atenção.

Acenda uma vela. Se desejar, coloque uma música que lhe faça bem. Ou simplesmente ouça o silêncio.

Em seguida, tome o chá, gole a gole.

Aprecie cada gole e, nele, a sabedoria das ervas contidas no chá.

Quando fizer isso conscientemente, você não experimentará o jejum como algo tormentoso, mas sim como uma forma diferente de liberdade e prazer.

Caminhar à noite: Quinta-feira Santa.

A noite é um momento especial para nós, seres humanos.

Após a refeição que Jesus teve na noite antes de sua paixão com os discípulos, Ele saiu para caminhar à noite. Ele levou consigo três dos seus discípulos. No entanto, eles adormeceram. E assim, Ele lutou sozinho durante a noite com seu Pai. Ele pediu ao Pai que o cálice do sofrimento passasse ao largo dele. Mas, no final, Jesus se submeteu à vontade do Pai. Na Quinta-feira Santa celebramos, na Igreja, a última ceia de Jesus. É uma refeição em que Jesus demonstra seu amor por nós até o fim. Como expressão desse amor, Ele lava os pés dos discípulos.

Após essa experiência de amor, também é para mim um bom ritual permanecer na cripta junto a Cristo. Enquanto faço isso, a ária de tenor da *Paixão segundo Mateus*, de Johann Sebastian Bach, sempre me vem à mente: "Eu quero vigiar junto ao meu Jesus".

Outro ritual ganhou significado para mim quando, em 1974, realizei o primeiro curso de Páscoa para jovens. Naquela época, convidei os jovens a caminharem sozinhos pela noite e a enfrentarem a solidão, a escuridão e o medo do Monte das Oliveiras junto com Jesus. Naquele momento, alguns dos meus irmãos do mosteiro haviam saído. Na solidão, eu me perguntei: E o que te prende aqui? Nessa noite, ficou claro para mim que eu não permanecia no mosteiro por causa dos outros monges, mas porque, na solidão, eu havia decidido junto com Jesus dizer sim a este caminho que reconheci na quietude e solidão da noite como o meu caminho diante de Deus.

Não é um ritual agradável sair sozinho na noite de Quinta-feira Santa. Mas é bom enfrentar a solidão e se perguntar: O que o sustenta? O que você quer fazer com sua vida? O que o aguarda? O que está atravessando sua vida neste momento? Estou pronto para dizer sim ao caminho que se insinua na quietude da minha alma?

Então eu o convido para dois rituais:

Conceda-se um momento durante a noite de Quinta-feira Santa para a Sexta-feira Santa. Permaneça conscientemente de pé na escuridão e vá até a igreja para vigiar e orar. Você pode orar pelas pessoas em que está pensando durante a Semana da Paixão, pois sofrem pessoalmente ou com alguma coisa em sua vida. Ou você simplesmente pode vigiar com Jesus no Jardim das Oliveiras e perguntar a si mesmo: O que Deus espera de você hoje? Para onde Ele quer me guiar? Obviamente, você também pode passar a vigília em sua própria casa, sentado na sua área de meditação e vigiando ali com Jesus.

Outro ritual nesta noite: Saia com consciência e a atenção durante a noite. Você vai perceber: caminhar sozinho na escuridão e suportar a solidão constitui uma experiência especial. De certa maneira, cada um de nós percorre seu caminho sozinho. Nesta noite, perceba conscientemente sua solidão e faça estas perguntas: Qual é meu caminho? E como desejo percorrê-lo como esta pessoa única e singular, mas também solitária que sou?

Gesto da cruz: Sexta-feira Santa

Você talvez tenha uma cruz pendurada em sua casa. Olhe para ela com atenção neste dia. O que ela representa? O que significa para você? A igreja celebra a Sexta-feira Santa com uma missa às 15h00, o mesmo horário em que Jesus morreu na cruz por nós. Para muitos, faz parte do ritual da Sexta-feira Santa comparecer a esse serviço religioso e venerar a cruz, que é colocada nos degraus do altar após o culto, para que todos possam tocá-la e, se assim desejarem, beijá-la.

Outros seguem, neste dia, um caminho da cruz, com as suas 14 estações, meditando no mistério da jornada de Jesus. Em muitas igrejas, existe uma representação do caminho da cruz nas paredes. No entanto, também existem muitos caminhos da cruz ao ar livre. Portanto, seria um bom ritual visitar uma Via Sacra que possamos percorrer lentamente e, enquanto andamos, descobrir a jornada de Jesus em direção à cruz.

A cruz é, em primeiro lugar, um símbolo da unidade de todas as oposições. A cruz me mostra que eu também só posso me tornar humano se me reconciliar com minhas próprias contradições. A cruz também é um símbolo de que os padrões deste mundo foram quebrados, riscados, cruzados. Agora, não mais importam o sucesso ou o fracasso, a aceitação ou a rejeição, apenas o amor que se doa. E a cruz é um sinal de liberdade. Não há mais um rei ou imperador acima de mim. Eu sou livre. Eu pertenço a Deus. E a cruz é um signo de proteção. Ela me protege de tudo o que é ameaçador e negativo neste mundo.

Na Sexta-feira Santa, convidei os jovens a fazer o gesto da cruz e a vislumbrar o mistério da cruz de Jesus. Gostaria de convidá-lo a realizar este gesto: Coloque-se firmemente de pé em sua casa ou ao ar livre e estenda os braços e as mãos, de forma que fiquem esticados horizontalmente para a direita e para a esquerda na altura dos ombros. As palmas das mãos ficam voltadas para a frente.

Neste gesto sinto que estou pregado em mim mesmo, sou a cruz para mim mesmo. Sou repleto de opostos dos quais não consigo escapar. Não tenho escolha a não ser dizer sim às minhas contradições. Quando tento fazê-lo, sinto que estou abraçando o mundo inteiro com os braços estendidos. Nada humano, nada cósmico é estranho para mim. Eu me torno um com o mundo inteiro e com tudo que nele há. Eu me torno um com todas as pessoas.

A respeito desse gesto, Jesus diz no Evangelho de João: "E, quando eu for levantado da terra, atrairei todos a mim" (Jo 12,32). Trata-se, portanto, de um gesto de amor. Neste gesto, posso intuir o amor de Jesus por mim, no qual posso me refugiar. Mas também posso praticar o amor com o qual, no seguimento de Jesus, eu me abro às pessoas e as convido a compreender o mistério do amor com o qual Jesus nos amou na cruz até a consumação.

Gostaria de sugerir mais um exercício: deite-se de costas na sua cama ou sobre um tapete; estenda os braços na forma de uma cruz, com as mãos abertas e voltadas para cima. Sinta-se nesse gesto. Os braços abertos nos abrem para Deus. Mas também nos tornam vulneráveis. Estamos prontos para receber, e prontos para nos entregar a Deus. Em seguida, vire as mãos para baixo. Observe então como você se sente. Você vai perceber uma diferença.

Este gesto da cruz nos mostra que nós mesmos somos a cruz, pregados a nós mesmos, às nossas oposições. Quando digo sim a este gesto, então experimento um pouco da liberdade que surge quando me reconcilio com tudo o que está em mim.

Faça esses dois gestos da cruz alternadamente. Pergunte a si mesmo: Qual gesto me é mais agradável? Em qual atitude interior eu precisaria me exercitar mais: a entrega ou a aceitação?

Enterrando o fardo: Sábado de Aleluia

Nos cursos de Páscoa que já ministrei para jovens, eles gostavam de usar a imagem da sepultura, na qual jogavam tudo o que queriam enterrar, o fardo que arrastavam consigo. Esse fardo eram as feridas do passado, que eles revisitavam constantemente e das quais não conseguiam se libertar, as autorrecriminações e autocensuras com as quais se atormentavam, e os conflitos passados. Às vezes, escreviam as coisas que queriam enterrar e, em seguida, jogavam os papéis no túmulo num ritual conjunto. Em outras ocasiões, faziam isso com pedras. Com cada pedra, eles estavam enterrando algo que os afligia.

Portanto, eu também gostaria de convidar você para este ritual. Escreva tudo o que deseja enterrar, o que não deseja mais reviver. Podem ser feridas dos últimos anos, em torno das quais seus pensamentos e sentimentos ainda giram. Pode ser um conflito em sua família ou em seu local de trabalho. Podem ser ilusões às quais você tem se apegado até agora, como a ilusão de que você é perfeito, que é tão ideal quanto gostaria de ser. Podem ser relacionamentos rotos. Escreva tudo. E então enterre isso. Você pode fazer esse ritual sozinho ou – ou de uma maneira mais intensa – com outras pessoas ou diante de testemunhas.

Em seguida, leia em voz alta novamente o que você deseja enterrar e coloque a folha de papel na cova que você fez. Em seguida, jogue terra por cima e semeie sementes de flores. Ou plante uma árvore ou um arbusto que florescerá e dará frutos sobre o que foi enterrado.

Luz da Páscoa e Água da Páscoa

A liturgia da Vigília Pascal inclui o impressionante ritual de acender o círio pascal no fogo da Páscoa ao ar livre e, em seguida, trazê-la para dentro da igreja escura. Os fiéis permanecem na igreja escura até que a luz do círio pascal finalmente a ilumine completamente. Ele é trazido para dentro da igreja com a aclamação "*Lumen Christi* – Luz de Cristo". E então, primeiramente os acólitos e depois todos os fiéis acendem nele suas velas. Desse modo, a igreja escura se ilumina. Durante o cântico de louvor pascal, o *Exsultet*, os fiéis seguram a sua vela contra a escuridão do seu coração para que todas as trevas dentro dele sejam iluminadas. Muitos levam suas velas pascais, talvez decoradas por eles mesmos, para casa e as acendem repetidas vezes durante a época da Páscoa, como um lembrete de que Cristo, na ressurreição, desceu ao reino dos mortos e ali iluminou toda escuridão com Sua luz. Quando acendemos a vela pascal em casa, nós a seguramos contra a escuridão que está sempre emergindo em nossa alma.

Um ritual especial está ligado à vela pascal: Crie sua própria vela pascal. Pense em quais símbolos de luz e ressurreição o inspiram. Leve esta vela para a celebração da vigília pascal e acenda-a no círio pascal da igreja. Posteriormente, ao retornar, dê à sua vela pascal um lugar especial em sua casa. Acenda-a todas as manhãs durante o café da manhã ao longo de toda a época da Páscoa. Assim, a época da Páscoa se tornará um período especial para você, um período em que tudo o que é escuro dentro de você se iluminará cada vez mais e tudo o que está petrificado se romperá para uma nova vida.

Um segundo ritual de Páscoa é amplamente praticado. Na noite de Páscoa, consagra-se a água pascal que é usada no batismo. A água da Páscoa lembra a água do Mar Vermelho, que se dividiu para que o povo de Israel pudesse entrar na liberdade. Da mesma forma que Israel foi libertado da servidão de potências estrangeiras durante essa travessia do Mar Vermelho, a água da Páscoa representa o nosso caminho em direção à liberdade. Ela nos lembra também da água que nos purifica de toda culpa e de tudo o que obscurece a imagem original de Deus em nós.

Durante a vigília pascal, o abade do nosso mosteiro convida calorosamente os visitantes a levar água da Páscoa para casa. Eles podem usá-la para encher suas pias de água benta. Em casa, também podem realizar o ritual de lavar os olhos com essa água pascal, para que possam descobrir o mistério da ressurreição na natureza florescente e nas pessoas. Os olhos se tornam "olhos de Páscoa", que veem mais profundamente. Eles reconhecem que há vida em cada sepultura, há luz em cada escuridão, e em cada rigidez já irrompe uma nova vida.

Ouvir a canção da vida

Escolha uma música de Páscoa: o *Oratório de Páscoa*, de Johann Sebastian Bach, o *Aleluia*, de Händel, a ária do Messias *Eu sei que meu Redentor vive*, o *Exsultate, jubilate*, de Mozart, ou simplesmente a música que você mais ama. Feche os olhos e permita que essa música exerça seu efeito em você. Imagine que ela desperta tudo o que está morto e petrificado em você, que o enche de alegria, vitalidade, contentamento e confiança que se expressa em você. E, enquanto ouve a música que vem de fora para dentro de você, preste atenção ao que se move em seu próprio interior.

A música o coloca em contato com a vida, com o amor, com a alegria que já estão dentro de você, muitas vezes apenas obscurecidos sob o manto das preocupações do dia a dia.

E sinta-se na música com a imagem de Orfeu-Cristo, o cantor divino que canta esta canção em mim para imprimir profundamente na minha alma a confiança de que o amor é mais forte do que a morte. Em mim há algo que desafia a morte. A música que estou ouvindo agora ressoará de uma maneira nova em mim na vida eterna. Ela ressoará como realmente foi planejada, de um modo que agora apenas vislumbramos, mas nunca apreendemos totalmente.

Transformar o cotidiano

Um exercício que posso realizar repetidamente durante os 50 dias da época da Páscoa, principalmente pela manhã, antes de iniciar o dia e o trabalho, tem por base um episódio pós-pascal do Evangelho de João. Numa noite de desânimo, Jesus instruiu os discípulos a ir novamente para o mar e lançar a rede do lado direito do barco. De repente, as redes se encheram tanto que eles mal podiam recolhê-las, "por causa da grande quantidade de peixes" (Jo 21,6). Diante desse milagre, João disse a Pedro: "É o Senhor!" (Jo 21,7). A partir disso, criei para mim um bom hábito na época da Páscoa, que também gostaria de convidar o leitor a adotar: No meio da vida cotidiana, repito frequentemente em diferentes situações: "É o Senhor". Quando estou conversando com alguém, digo a mim mesmo: "É o Senhor". Quando vou a uma reunião, vou com o pensamento: "É o Senhor". Ou quando estou sentado à minha mesa escrevendo algo, imagino: "É o Senhor". Então, meu cotidiano se transforma. A manhã cinzenta da desesperança vivida pelos discípulos também se transforma para mim numa proximidade íntima com o Ressuscitado. Eu o sinto. Ele transforma o início do dia cinzento numa manhã luminosa; a frustração pelo fracasso é transformada em gratidão e paz. Ele transforma o medo em confiança, a tristeza em alegria.

Ascensão de Cristo: O céu está dentro de você

Angelus Silesius escreveu o belo verso para a festa da Ascensão de Cristo: "Detém-te, para onde vais a correr? O céu está em ti; Se o procuras noutro local, tu jamais o encontrarás". Quando Jesus foi elevado ao céu diante dos olhos dos discípulos, eles ficaram olhando. No entanto, dois anjos se aproximaram deles e disseram: "Homens galileus, por que estais olhando para o céu? Esse Jesus, que dentre vós foi recebido em cima no céu, há de vir assim como para o céu o vistes ir" (At 1,11). Portanto, não devemos olhar para cima, mas para dentro de nós mesmos. Jesus habita em nós. E onde Jesus está em nós, ali está o céu. O céu é a esfera de Deus. Em qualquer lugar onde Deus está, o céu está presente. Em sua ascensão ao céu, Jesus abriu o céu sobre nós. Céu é sinônimo de expansão, liberdade e beleza. A Ascensão de Cristo nos diz que vivemos na amplidão de Deus, que o céu nos envolve. Não somos apenas seres terrenos, mas seres celestiais. Isso confere dignidade divina à nossa vida. Ninguém pode nos confinar à estreiteza desta vida. Existe em nosso interior uma vastidão que ninguém pode tirar de nós. Não devemos pensar em nós mesmos de maneira limitada. Respiramos a amplidão do céu. Em nossa alma há algo do brilho do céu. Nela o céu se abre sobre nós. Carregamos o céu dentro de nós. Em nós, temos tudo do que precisamos. Conectamos com o céu todas as nossas ânsias por realização. Onde o céu está dentro de nós em Cristo, ali nossas ânsias mais profundas por amor e lar são satisfeitas. Para muitos se perdeu o significado mais profundo da festa da Ascensão de Cristo. Na Alemanha, ela se tornou o Dia dos Pais, que não tem absolutamente nada a ver com a festa.

Em vez de se embriagar no Dia dos Pais, desfrute de um ritual de Ascensão:

Vá para o seu jardim ou para um campo durante a primavera e olhe para o céu. Sinta a amplidão do céu. E pergunte a si mesmo quais anseios o céu desperta em você ou que imagens vêm à mente quando você olha para o céu. Em seguida, imagine que o céu está dentro de você e que você pode tocar o centro do peito com as mãos. Lá, no seu interior, está o céu dentro de você.

Ali você pode intuir o que Paulo diz: "Mas a nossa cidade está no céu" (Fl 3,20). Faça um passeio imaginando isto: o céu está dentro de você; a expansão de Deus está dentro de você. Quando o céu está em seu interior, você se sente em casa. Caminhe pela natureza com essa imagem. E, ao mesmo tempo, imagine que está levando o céu dentro de si através das estreitezas da vida cotidiana, dos conflitos que espera para amanhã, da pressão que a empresa exerce sobre você, das preocupações com filhos. Então, experimentará de maneira diferente o caráter estreito e opressivo do seu dia a dia. Mesmo onde tudo é apertado, o céu se abre sobre você, que o carrega em seu interior.

O Espírito sopra onde quer: Pentecostes

No Pentecostes, celebramos a vinda do Espírito Santo, que veio como um vento forte e expulsou os discípulos assustados de seu aposento, levando-os para a cidade para anunciar a ressurreição de Jesus e o derramamento do Espírito. Pentecostes colocou as pessoas em movimento. Existem três imagens que a Bíblia nos oferece para o Pentecostes: Em Lucas, é o vento que inspira e encoraja os discípulos. E é o fogo que, quando estamos esgotados, nos enche novamente com o fogo do Espírito Santo, nos aquece e transforma nossa linguagem, de modo que uma centelha se acende assim que começamos a falar. João, em particular, aprecia bastante a imagem da fonte para descrever a natureza do Espírito Santo. A fonte do Espírito Santo jorra dentro de nós. Quando bebemos dessa fonte, não nos exaurimos tão facilmente.

Um ritual de Pentecostes: Ponha-se de pé no meio do vento. Imagine que, no vento, o Espírito de Deus o atravessa ou o acaricia suavemente. O Espírito Santo deseja ser experienciado hoje também. Você o experimenta quando imagina que o Espírito do Senhor permeia o mundo inteiro. Dessa forma, ele pode, no vento, varrer de dentro de nós tudo o que está empoeirado e gasto, e nos encher com um espírito renovado. E o Espírito Santo é o terno amor de Deus que o acaricia suavemente, assim como o vento o toca gentilmente.

Outro ritual de Pentecostes: Sente-se para meditar com a imagem de que dentro de você está a brasa do Espírito Santo. Mesmo quando você queimou todas as suas energias – a palavra *burnout* descreve esse sofrimento – debaixo das cinzas ainda há a brasa do Espírito Santo. Deixe a brasa fluir para o seu coração, para que ela o preencha com amor e calor. Deixe a brasa penetrar em sua linguagem, para que ela se torne – como no caso dos primeiros discípulos – uma linguagem resplandecente, na qual salta a centelha do fogo divino, uma linguagem calorosa que toca o coração das pessoas.

E um terceiro ritual de Pentecostes: Observe uma fonte na natureza e imagine que dentro de você flui a fonte do Espírito Santo. Ela o refresca, cura, fortalece, fertiliza e purifica. Na meditação, posso imaginar que esta fonte flui no fundo da minha alma. Ela está sempre dentro de mim. O fato é que muitas vezes estou desconectado dela porque sobre ela se acumulou uma camada de preocupações e medos. No Pentecostes, eu gostaria, na meditação, de entrar novamente em contato com esta fonte interior e deixar-me ser refrescado e fortalecido por ela.

Agradecer: Dia da festa da colheita

Temos motivos para agradecer o ano todo e ao longo de toda a vida. No dia da festa da colheita, agradecemos de maneira especial pelas dádivas da criação que adquirimos na colheita. Em muitas igrejas, os frutos da terra são artisticamente exibidos para convidar os fiéis a refletirem com gratidão perante as dádivas da criação. No entanto, não se trata apenas da colheita que os agricultores e vinicultores fazem. Esta festa também é uma oportunidade para agradecer por tudo o que experimentamos como uma colheita pessoal neste ano.

Portanto, eu o convido ao seguinte ritual: Sente-se e faça uma pausa consciente. Tente agradecer por tudo o que lhe vem à mente. Agradeça por estar vivo, por ser como é. Agradeça por tudo o que Deus lhe deu, em termos de dons e habilidades, de encontros com pessoas, de experiências e vivências. Agradeça pelas pessoas que Deus colocou ao seu lado, pelos seus pais e irmãos, pelos professores e padres que o marcaram.

E agradeça agora por este momento.

Quando você tenta conscientemente agradecer por tudo o que vem à mente, perceberá que seu estado de ânimo muda.

Você se tornará interiormente calmo. Você será preenchido por um profundo sentimento de paz. Mas você notará que seu pensar também muda. Agradecer vem do pensar. Quem pensa corretamente também deve agradecer. Mas o contrário também é verdadeiro: quando agradecemos conscientemente a Deus por tudo o que Ele nos dá diariamente, começamos a pensar corretamente, nossa mente clareia. Vemos a nós mesmos e nossa vida corretamente. Abrimos nossos olhos para a verdade de nossa vida.

E nesse dia preste atenção em seu discurso com total consciência: onde você expressa gratidão?

E preste atenção nas pessoas ao seu redor: quem você consideraria pessoas gratas? Como você percebe isso? Quem você considera ingrato? E por quê? Você sentirá que prefere estar com pessoas gratas a estar com pessoas ingratas. E você perceberá que pessoas ingratas – por mais inteligentes que sejam – não pensam corretamente, porque não veem as coisas como elas são. Portanto, neste dia, pratique a gratidão e o correto pensar.

Outro ritual para refletir sobre o mistério da terra: decore o seu cantinho de oração com imagens da colheita, decore assim o seu local de meditação ou a sua mesa de refeições. Cabe à sua criatividade escolher quais imagens exibir: os frutos da terra, mas também imagens dos êxitos que você alcançou este ano, do que prosperou em você e em sua família este ano. Desta maneira, você também celebra em casa o dia da festa da colheita. A decoração lembra a você e a todos que o visitam o mistério da colheita.

E mais um ritual no dia da festa da colheita: pense em qual pessoa para quem você gostaria de escrever uma carta agradecendo pelo que recebeu dela. Você não precisa necessariamente enviar a carta. Apenas escrever já lhe fará bem. No entanto, obviamente seria bom se você também enviasse essa carta para a pessoa pela qual você é grato. Com certeza isso a deixará feliz e aprofundará o relacionamento entre vocês.

Lembrança dos mortos: Dia de Finados

A memória dos mortos e a recordação deles fazem parte da vida. Em 1º de novembro, a Igreja Católica celebra a festa de Todos os Santos e em 2 de novembro, o Dia de Finados. Ambas as festas estão interligadas. A festa de Todos os Santos direciona nosso olhar para o céu. Quando celebramos o culto divino, nós o fazemos em comunhão com todos os santos. É uma festa cheia de esperança. Ela nos mostra que também nossa vida será curada e santificada, quando nos entregamos, assim como os santos, ao amor terapêutico de Deus, apesar de nossa fragilidade. A Festa de Finados nos convida a recordar nossos falecidos e estar em comunhão com eles.

Eu gostaria, portanto, de convidá-lo para um ritual: No Dia de Finados, coloque em sua casa velas para os falecidos aos quais você deseja dedicar pensamentos especiais neste ano. Acenda as velas e imagine que os falecidos estão enchendo sua casa com seu amor, trazendo luz para a escuridão e calor para o abandono. Então, você terá outra vivência de sua casa. Você se sentirá em casa de uma maneira nova. Você participará de todas as experiências que os falecidos tiveram e que preservaram em Deus. Pergunte a si mesmo o que os falecidos desejam lhe dizer hoje. Quais aspectos marcantes de seus pais falecidos você necessita agora em sua jornada? Quais palavras você acha que seus pais usavam para reagir às dificuldades? Quais eram as expressões típicas que os ajudavam a enfrentar a vida?

Se quiser, você também pode acender velas na igreja em frente ao altar de Maria para seus entes queridos falecidos. Olhe para a estátua de Maria. Assim como Maria segura seu filho amorosamente nos braços, o falecido, por quem você ora e do qual se lembra, agora repousa nas mãos maternas de Deus. Vá ao cemitério para visitar os túmulos onde seus falecidos estão descansando. Ao lado do túmulo, reflita sobre a mensagem que essa pessoa, por meio de sua vida e morte, está lhe enviando. Junto ao túmulo, pense na essência dessa pessoa. Qual é a imagem única que ela procurou personificar durante a vida? E pense sobre sua própria morte e faça a pergunta: Que legado quero deixar neste mundo? Como gostaria de viver hoje se fosse meu último dia?

Dessa forma, pensar nos falecidos o levará a novos pensamentos, a pensamentos essenciais que você tem.

Conclusão

Ao rever todos os rituais que descrevi neste livro, quero expressar minha gratidão pelas experiências com rituais que meus pais me proporcionaram, pelos muitos rituais que praticamos na comunidade monástica e pelas muitas ideias dadas por meus irmãos de comunidade e pelos participantes de meus cursos. Também sou grato pelas experiências do movimento de 1968, o período de transformação e convulsão na sociedade e na Igreja, que também foram importantes para mim. Naquela época, nós, jovens monges, nos rebelamos contra os rituais que monges mais velhos nos impunham, sem que nos explicassem sua razão. Após a resistência aos rituais, redescobrimos o efeito curativo deles. E em nossos cursos em conjunto, experimentamos muitos rituais novos. Este livro também é um testemunho de todas as experiências desses cursos. Portanto, desejo a todos os leitores que também encontrem um caminho para deixar de lado rituais antigos que perderam o significado, e descubram rituais que tragam para sua vida o sabor da confiança, da alegria, da liberdade e do amor.

Conecte-se conosco:

 facebook.com/editoravozes

 @editoravozes

 @editora_vozes

 youtube.com/editoravozes

 +55 24 2233-9033

www.vozes.com.br

Conheça nossas lojas:

www.livrariavozes.com.br

Belo Horizonte – Brasília – Campinas – Cuiabá – Curitiba
Fortaleza – Juiz de Fora – Petrópolis – Recife – São Paulo

  Vozes de Bolso

EDITORA VOZES LTDA.
Rua Frei Luís, 100 – Centro – Cep 25689-900 – Petrópolis, RJ
Tel.: (24) 2233-9000 – E-mail: vendas@vozes.com.br